邵子易數

【宋】邵雍　撰

王通瑞　校訂

關於本書

本書收錄《邵子易數》與《增補詳注六爻一撮金易數》兩部著作。《邵子易數》是明代喻有功對邵雍易學所作的整理與發揮，本書為清代王通瑞刪訂後版本。《增補詳注六爻一撮金易數》為明代劉伯溫在邵雍所著《一撮金易數》基礎上增補加注而成。

此次整理《邵子易數》以故宮珍藏的清道光庚寅年京都三槐堂刻本為底本，《增補詳注六爻一撮金易數》以故宮珍藏的清康熙年間抄本為底本，文字上保持古籍原貌，敬請諸君明鑒。

關於作者

　　邵雍（1011 年 1 月 21 日—1077 年 7 月 27 日），字堯夫，自號安樂先生，人又稱百源先生，諡康節，後世稱邵康節，北宋五子之一，易學家、思想家、詩人。

　　邵雍對易經極有研究，開拓了「象數」學的領域，他「探賾索隱，妙悟神契，洞徹蘊奧，汪洋浩博，多其所自得者」。邵雍繼承並發揚了陳摶的「周易先天圖說」朱震說：「陳摶以《先天圖》傳種放，種放傳穆修，穆修傳李之才，之才傳邵雍。」朱熹則認為邵雍傳自陳摶，陳摶亦有所承傳：「邵子發明先天圖，圖傳自希夷，希夷又自有所傳。」邵雍說：

　　　道生一，一為太極；一二生，二為兩儀；
　　　二生四，四為四象；四生八，八為八卦；
　　　八卦生六十四，六十四具而後天地之數備焉。
　　　天地萬物莫不以一為本原，
　　　於一而演之以萬，窮天下之數而復歸於一。

　　邵雍是真正能繼承先秦（律數之學）與兩漢（卦變之學）以來易學象數派之理論精粹並能融合儒家經學之道德價值觀（即內聖外王之道）。朱熹對《皇極經世》極為推崇。他說：「某看康節《易》了，都看別人的不得。」朱熹將邵雍同周、張、二程和司馬光並稱為道學的「六先生。」

邵子易數序

粵（同曰，文言文助詞）自易之以書契，即使萬古事蹟，昭然在目者繫乎文，而使萬古事蹟，統之於編年紀月，屈指可得者，則又不專繫乎文，而兼計之以數矣。於戲！數之為用大矣哉！苐（同茅字）世多謂數易知往，而難知來，殊不思既名曰數，來猶往也。譬之千萬年未來之夏，皆知必暑，未來之冬，皆知必寒。夫（文言文發語詞）人事未來之得失，運會未來之盛衰，即千萬年未來之寒暑也。

《易》曰：「數往者順，如來者逆。夫易，逆數也。」數其數而來者難逃。可見雖百世之言，非虛語也。大抵因禮而損益可知者，理也。理之所至，數亦至焉。彰往察來，至訓昭垂，孰謂聖人不言數哉！況易之為書，含萬有，包古今，非理固無以造其極，非數亦無以析其微。然自三代後，深得先天之奧，發揮理數之精，邵子一人而已矣。其著《皇極》也，統元會運世於一日，其理至精，其法至簡，在當時，並未有所謂易數者。

余年十有二時，曾遇一長白張佳氏諱賞格者，通曉《皇極》，嘗以指畫地，示余曰：此易數法也。汝將來得易數成書，其中有可取者，有不可盡信者，占時必參吾言，依時酌斷，無不取驗。惜乎余從學未幾，即業清文，又攻制藝，久置此事不講矣。

　　至年幾四十，果得《喻氏易數》一書，迴思素學，幸堪記憶。悉心此集，如非邵氏之舊，尚多先天之說，蓋私淑邵氏而作者也，但其雜以後天，而附會其說，在所不免。如不刪而正之，則無從會理數於同歸，合往來為一致。於是，余不自量，盡去其冗雜，重加釐訂，其所存者間有鄙陋，不敢過改舊文，僅將余之所學，及占而驗者，別為一帳，以續於後，附之樣，氏以公諸同好。自知見笑於大方，未必非行遠登高之一助云爾。

　　　　　　　　　　　　　道光五年四月廿三日
　　　　　　　　潘陽王氏通端序於漱石山房南窗下

臆說

一卷圖象俱未備載，欲詳圖象說，宜觀《來注》。

一卷內有仿天星神之說，俱刪去。

一卷所引占驗多端，凡擇焉不精者，俱刪去。

一卷內引《左氏》處，俱加旁批，以著用法。

一卷內凡次敘顛倒者，俱依次敘之。

一卷內有語句粗俗處，未敢盡改，姑存其舊。

一卷內多用法失當處，俱在六卷中駁之。

一卷內有推古今年運數，與《皇極經世》異者，俱刪去。

一卷內有聽言觀方取卦，法近梅花數者，俱刪去。

目　錄

邵子易數

增補詳注六爻一撮金易數

邵子易數卷之一

伏羲太極圖

　　易有太極，是生兩儀，兩儀生四象，四象生八卦。此圖乃伏羲之所作也。外一圈者，太極也。中分黑白，陰陽也。黑中含一點白，陰中之陽也。白中含一點黑，陽中之陰也。陰陽交互，動靜相倚，而周旋活潑，妙趣自然。

　　其圈外左方，自復一陽馴至乾之三陽，起震而厲離兌以至於乾是已。右方自巽一陰馴至坤之三陰，自巽而厲坎艮以至於坤是已。其間四正四隅，陰陽純雜，隨方有位。蓋太極含陰陽，陰陽含八卦之妙，不假安排也。

　　夫觀此圖，則陰陽渾淪，不外乎太極，而亦不離乎陰陽者，先天之易也。周子太極圖，則陰陽顯著，是皆太極之所

為，而非太極之所倚著，實後天之易也。然而先天所以包括後天之理，後天所以發明先天之妙，明乎天之渾淪，則先天而天弗違，太極之體立矣，明乎道之顯著，則後天而奉天時，太極之用行矣。

若徒玩諸畫象，談諸空元，羲周作圖之意荒矣。故周子詩云：書堂兀坐萬幾休，日暖風和草色幽。誰道二千年前事，如今只在眼睛頭（此易之天圖起法。皇極經世及起事事物物皆依此法，勿輕視也。此書圖不全，全圖兼考讀本周易可也）。

伏羲始畫八卦圖

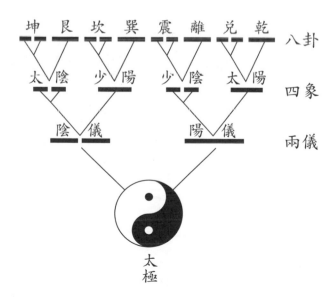

此明伏羲始畫八卦也。八卦為卦之小成（三畫而成）。乾一、兌二、離三、震四、巽五、坎六、艮七、坤八。伏羲不是逐卦如此畫，只是自太極（理也）生兩儀，兩儀生四象，四象生八卦，所謂始畫八卦者此也。

朱子曰：爻之所以有奇耦（同偶字），卦之所以三畫而成者，皆是自然流出，不假安排。此易學之綱領，開卷第一義。然古今未見有識者，至康節先生始傳先天之學而得其說，自此伏羲氏之易始明於世云。

邵氏先天圖

天地四象之圖

乾南坤北，離東坎西，以四正卦（乾坤離坎反覆，只是

一卦。八卦中以此四卦為四正卦）。居四方之正位。震東北巽西南，艮西北兌東南，以二反卦（震反為艮，巽反為兌，本只震巽二卦，反而成四卦。八卦中以此四卦為震巽之變卦）。居四隅不正之位。

合而言之，天位乎上，地位乎下，日生於東，月生於西，山鎮西北，澤注東南，風起西南，雷動東北，自然與天地大造化合，先天八卦對待以立體。

如此，其位則乾一坤八，兌二艮七，離三坎六，震四巽五，各各相對，而合成九數。其畫則乾三坤六，兌四艮五，離四坎五，巽四震五，亦各各相對，而合成九數。九老陽之數。乾之象無所不包也。造化隱然尊乾之意可見。

方八卦之在橫圖也，則首乾，次兌，次離，次震，次巽，次坎，次艮，終坤，是為生出之序。及八卦之在圓圈也，則首震一陽，次離兌二陽，次乾三陽，接巽一陰，次坎艮二陰，終坤三陰，是為運行之序。

生著卦畫之成，而行者卦氣之運也。乾坤父母也，震巽長男女也，坎離中男女也，艮兌少男女也。乾統三女，坤統三男，本其所由生也。

李邵淵源

宋邵康節先生受學於李挺之，著《皇極經世》。其命象定數之法，俱在《觀物內外》篇中。大而天地始終，小而人物生死，遠而古今世變，無不該貫。蓋得伏羲氏畫前之易，而發四

聖之所未發者。要其旨歸，與易實不相悖，而同出一太極，非自成一家也。夫太極者，氣之理，皇極者，氣之用。理不離乎數，數因理而有。具天地陰陽之理者，易也。所以體天地陰陽之理，變易以從道者，心也。心不能靜，則無以決天下之疑，成天下之務矣（學易、占易、新易，此即妙訣）。

是以為學之要，必先掃除雜念，收斂身心，以有為為應跡，以明覺為自然，久而行之，則志氣清明，義理昭著，而理數自然貫通矣。

昔張子厚為商洛令時，屢過康節先生之廬，拜而問之曰：此學幾日可盡？先生曰：本無多事，以子之才，頃刻可盡。須棄卻仕宦，靜養十年，使塵慮消散，自然有得。

邢和叔來學，援引古今不已。先生曰：姑置是。先天未有許多話，且當虛心使胸中蕩然無一事方可。故其詩曰：若論先天一字無。又曰：拔山蓋世稱才力，到此分毫強得無。他日又曰：數學非十年不成。

由是觀之，可見數學以靜養為先也。蓋心靜則胸次玲瓏，而物來順應矣。魯齋有云：先天之學，純乎天者也。非純乎天之人，不可輕授（一言道盡，當深味之）。蓋以此數藏前知之妙訣，泄造化之元機，非其人不能明，非德行不足守。此康節先生所以不授邢和叔也。

六十四卦圖說（經世衍易，即先天圖）

邵伯溫曰：乾之數一，兌之數二，離之數三，震之數

四，巽之數五，坎之數六，艮之數七，坤之數八，交相重而為六十四卦。乾兌離震在天為陽，在地為剛，在天則居東南，在地則居西北。巽坎艮坤，在天為陰，在地為柔，在天則居西北，在地則居東南。陰陽相錯，天文也。剛柔相交，地理也。

西山蔡氏曰：八卦之數，乾一、兌二、離三、震四、巽五、坎六、艮七、坤八，先天之序也。一一為乾以至八八為坤，參伍錯綜，無不備也。圓者為天，方者為地。一二三四為陽，五六七八為陰，即先天圖也。一一起於南，八八終於北，以少為息，以多為消也。

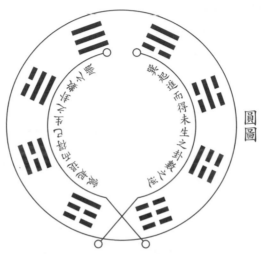

伏羲規橫圖為圓之圖

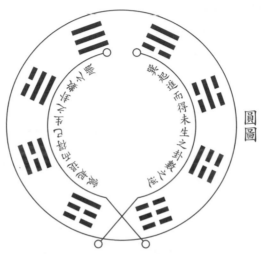

圓圖

以後截列之左方　以後截列之右方

圖從中出

坤艮坎巽　震離兌乾　　橫
八七六五　四三二一　　圖

（以已生為順，未生為逆。已生自八四起至一一，未生自一五起至
八八，皆逆數。故曰：易逆數也。）

後天八卦方位之圖

邵子曰：順天而行，是左旋也。皆已生之卦，故云數往者順。逆天而行，是右行也。皆未生之卦，故云知來者逆。

圓圖見天地之順，方圖見天地之逆。天地之運，不順不行。天地之交，不逆不生。順而行所以生物，逆而生物所以自生。圓圖自乾一至震四，自巽五至坤八，皆自南而北，自上而下，為順。方圖自乾一之八卦至坤八之八卦，皆自北而南，自下而上，為逆。

圓於外者天也。天氣左旋而順，起於子中。方於內者地也。地氣右轉而逆，超於丑寅之間。其卦畫自然配合之象，巧妙如此。

以上諸圖，皆出邵氏。邵氏得之李之才挺之，挺之得之穆修伯長，伯長得之陳希夷先生，所謂先天之學也。

《說卦傳》曰：天地定位，山澤通氣，雷風相薄，水火不相射。八卦相錯，數往者順，知來者逆，是故易逆數也。雷以動之，風以散之，雨以潤之，日以烜之，艮以正之，兌以說之，乾以君之，坤以藏之。

圖從中出

先天之學也，心學也。故圖從中出，萬事萬化生於心。是以康節之學，本先天之易，尚象而不尚辭。蓋欲以不言之數，如伏羲六十四卦，初無言語文字也。以六十四卦方圓圖言之，圓圖像天包於地外，方圖像地列於天中，是一大陰陽相配也。分圓圖而觀之，自復至乾，得一百十二陽爻、八十陰爻，是陽數多，陰數少，即春夏之晝長而熱也。自姤至坤，得一百十二陰爻、八十陽爻，是陰數多而陽數少也，即秋冬之晝短而寒也。

此可見卦分陰陽，立兩儀而主運，行不息之事也。分圓圖而觀之，西北十六天卦自相交，東南十六地卦自相交，其斜行則乾兌離震巽坎艮坤，自西北而東南，皆陰陽之純卦，所以不能生物也。西南十六卦天去交地，天卦皆在上，而生氣在首，故能生動物而頭向上。東北十六卦地去交天，天卦皆在下，而生氣在根，故能生植物而頭向下。其斜行則泰損既濟恒未濟咸否，自東北而西南，皆陰陽奇耦之卦，所以能生物也。吾因是而知植物之命在乎根，動物之命在乎首也。又合二圖而觀之，方圖乾處圓圖亥位，謂之天門，是天氣下

降也；坤處圓圖巳位，謂之地戶，是地氣上騰也。

此南北十六卦，所謂陰陽互藏之宅。泰處圓圖寅位謂之鬼方，否處圓圖申位謂之人路。此東西十六卦也。天地交泰而生生不息，所以泰居寅而否居中，所謂陰陽各從其類也。夫圓圖主運行之事，方圖主生物之事。運行者氣也，生物者質也。氣非質則無所附麗，質非氣則豈能資生？可見天有生物之氣，地有成物之形也。

原卦論時

夫易者時也，不知時則無以識化育之機、變通之妙也。故六十四卦曰時，用時義者，謂四季五行之時也，為用甚大（熟玩此，可神其占，可觀其變，至於處天下事，皆可由此推耳）。況否泰剝復時也，潛見飛躍時也，損益盈虛時也，出處語默時也，藏器待時，含章以時，損以應時而吉，節以失時而凶，蹇以識時而和，遁以識時而嘉，以時而涉川則有功矣，以時而攸往則有慶矣，以時而建侯則得民矣，以時而祭祀則受福矣，以時而田獵則獲品矣，以時而婚媾則往而明矣。稽古帝堯垂衣裳，湯武革殷命，高宗伐鬼方，皆不外時耳。是以上焉至尊至貴固得此時，而富貴軒昂，下焉至貧至賤亦因失此時而貧賤蹇駁。豈獨人為然哉？至於萬物之出藏，草木之榮悴，亦莫非時。起數之法，專看此時字。看得透徹，則數務之煩，休咎成敗，皆莫逃矣。

如占病，秋令遇土卦，上爻數盡氣盡，不活，必死矣；

秋令遇金卦，上爻數盡氣不盡，雖凶不死之類是也。

四時論卦

　　乾之為卦（測伏占物以此），秋得之為價高（金當令），夏得之而受制（火克金），冬得之而耗氣（反生），春得之而干犯（金克木），四季得之而有益（土生金），見坎而沉溺（金生水），見離而成器（金因火而成器），見震而有聲（金克木），見巽而有名（金克木），見坤為衣裳（土生金，乾為衣，坤為裳），見艮為礦石也。（乾荒金見山，則有此象。）

　　兌之為卦，與乾同時，但作事不圓（兌為缺欠）。而多暗昧（兌為少女），見乾而先圓後缺，見坤為金石之廢器（金被土掩），見震為刀槍（兌為金之尖銳），見巽為箭鏃（巽為陰木），或削琢之物，見坎為水中之物，見離經火之金釵（離為中女），婦人頭上之物。

　　離之為卦，夏得之精神倍長，秋得之以時相反，冬得之為受制不佳，春得之有人資助，四季得之泄體，見乾為文書詔旨（乾君象，離火文明），見坎為廢物，見艮為瓦器（經火之土），或夜行之客（離為燭火，艮為幽徑），見震為甲冑戈矛，見巽為文章書籍，或交易文書，見離為燈籠火燭之具，見坤亦為文書，見兌為鍛煉之物。

　　震之為卦，春得之而氣旺，夏得之而氣泄，秋得之而受制，冬遇之而得生，四季得之而干犯也。見乾為鐘磬有聲之

物，圓全而無傷，見兌亦為有聲可擊之物，但破壞而有傷損，見艮為可抑之物，見巽而有棄，或工巧之具，見離而有花紋，或文章紙筆之物，見坎而有生意，或水中應用之物，見坤為柔軟之物。

巽之為卦時與震同，見乾兌為稱衡，或琢削之類，見離為文章，或籠罩，見震為有聲之物，木果之器，見坎為舟楫，為嬌揉漆盞之類，見艮為筆，見坤乃土中之物。

坎之為卦，冬氣旺，春耗體，夏得之為財，秋遇之而有助，見乾而形圓在上為文詔辭詞，在下為酒筵器具，見兌帶口之物，見震巽為水桶盆甑，或竹木所生香蕈木耳之類，見離為水火交成之物，見坤艮乃潤澤之土也。

艮之為卦，春受制，夏逢生，秋洩氣，冬為財，四季和平，見乾而破硬成器，見兌為缺物，見巽為草木，見震為木類，見離為瓦器，見坤乃土塊石頭，見震巽坎離相並，乃土壁之類（八卦所遇亦兼時斷方驗）。

坤之為卦也，與艮同時，見乾為方圓之器，可賤可貴，見震巽為文章，兌乃出土之金，為至剛之土石，見坎為水上所成之器，見離為文明，見坤為布，為醬，為柄也。

觀變識物

凡觀物以變卦為主，如乾初爻動變巽，乃金刀削過之物，二爻動變離，乃火煉之金，三爻動變兌，乃五金廢壞之物，雖圓而破壞者。坎卦初爻動變兌，乃盛酒盛水之物，缺

而壞也，二爻動變坤，乃土中之物，穀粟之類，三爻動變
巽，大則舟楫，小則瓢杓盆桶之類。艮卦初爻動變離，乃火
中鍛煉之土磁器之類，二爻動變巽，乃土木之類生長之物，
三爻動變坤，乃穀粟瓦器磚土之類。餘仿此。

　　推凡觀物必先觀形色動靜，而後言之。蓋天圓而地方，
物之形也；天元而地黃，物之色也。乾剛而坤柔，物之變
也。以此推無不驗者。凡占物，先橫書形體用色四字，為何
形何體，再統而合之，為何物便可知也。

萬物歸一

　　一者，何也？理也。陰陽五行，物也。所以為陰陽五行
則理也。無形之中，而具有形之實，有形之實，而體無形之
妙，是以山木之多，不過木耳，河海之多，不過水耳，曠野
之地，不過土耳，日用之常，不過水火而已。至於天地萬
物，聖賢豪傑，與夫飛潛動植，萬有不齊，皆物也。天地雖
超於萬物之外，而實圍於理數之中。

　　天地皆不能逃，況於人與物乎？人物之拘於數，猶鷹隼
之在樊籠，雖極力騰躍，而莫能逃焉。然數之起例，知之者
眾，而斷之能應者少。非先賢秘而弗傳，學者泥於一偏，而
少變通之妙，是以不驗也。且皆聖賢之學，而非庸眾所能
知。蓋五行化而為萬物，萬物合而為五行，自天一生木，至
地十成之，數也。數既陳，而五行立於卦矣。善觀數者，如
球走盤，活活潑潑，以物之五行，合卦之五行，參以生克之

理，休旺之氣，則一行一止，一飲一食，皆莫能遁矣。然推測之間，宜至誠不可淺易，可敬用不可輕用。夫然後久敬而心靈，心靈而口順，斯得之矣。

觀物存誠

昔者聖人之原數也，以決天下之疑，以成天下之務，以順性命之理，而決疑之際，在乎存誠、主敬而已。不誠則中無實，不敬則心無主，顛倒眩瞀，安能析事辨理，彰往察來也哉！故必存誠主敬，凡意所萌動，而偶聞偶見，偶言偶動者，皆先天之數也。但取其先聞先見者為例，所謂嗜欲將至，有開必先也（此說卻不儘然）。起數時，或錯起，或算顛倒，亦是數矣，不可更改。蓋造物者默有自然乘除之機也。若觀物之際，心有偏依，而乏主一之敬，則二三其德，又何應驗之有？康節曰：數學非十年不可。十年者，正涵養德性存誠主敬之謂也（儒家理）。能敬則德聚而神存，吉凶不在鬼神而我在矣。故曰至誠如神，庶不致墜於數術之技矣。所謂觀物存誠，此也。

觀物心易理數辨

夫易之為書也，覆幬天地之道，囊括萬物之情，雖為卜筮而作，而義理未始不該。苟專以卜筮求之，則得之形而下

者,遺其形而上者也。殆非體用一原顯微無間之道。苟非專於義理以求易,則無以定天下之吉凶,決天下之得失,所謂解大疑釋大惑者無自辨矣。豈聖人所謂無大過,吉凶與民同患之意哉!是故理者太虛之實義也,數者太虛之定分也。未形之用,因理而有數,因數而有象。既形之後,因象以推數,因數以推理。理與數,吉凶之幾,造化之主也。造化無形,假象以昭其形。吉凶無跡,托占以著其跡(邵氏書所以見聖學之精也)。故義之所當為而為者,數之所知也。義之所不當為而為者,非數之所能知也。是以君子非義不占,非疑不占,非疑而占,謂之侮;非義而占,謂之欺。侮與欺,皆不應也。

玩占之際,必先澄其心,靜其慮,睿其思,聰其聽,近取諸身,遠取諸物,察其感觸之何如耳。感觸為我之休咎,則應在我;感觸在彼之休咎,則應在彼。如卦吉應吉,互變皆吉,是謂之大吉,則動罔不吉矣。卦凶數凶,而互變皆凶,是謂之大凶,則動罔不凶矣。卦吉應吉,而互變皆凶,先泰而後否。卦凶應凶,而互變皆吉,先否而後泰。靜乃吉,而動乃凶也。復參以卦氣之盛衰,日辰之相制,變而通之,化而裁之,則動靜可求之端,陰陽可求之始,天地可求之初,而萬物休咎,灼然前知矣。苟論數不論理,則局於象而泥於跡,不能變易以從道。論理不論數,則執於有而淪於無,亦不能以前知也。故曰論理不論數,不備,論數不論理,不明,理與數不可歧而二之也。學者潛心,久久自能融會其妙,愈用而愈神,殆非下士所能臆度也。

心易妙用

夫易者，性理之學也。性理具於人心，心即易也。當其方寸湛然，靈台無一毫之干，無一塵之染，斯時也，性理具在，而易之存吾心者炯如也，即先天之易也。及慮端一起，事根忽萌，物之著心，如雲之蔽空，如塵之蒙鏡，當斯之時，溟沒茫昧，而向易之在吾心者泯然耳。

故三要之妙，在於運耳目心三者之靈，俾應於事物也。然耳之聰，目之明，吾心實總乎聰明，蓋事根於心，心該乎事，然事之未萌，雖鬼神莫測其妙，而吉凶無門可入。

故先師曰：思慮未起，鬼神莫知，不由乎我，更由乎誰？若夫事萌於心，鬼神知之矣。吉凶悔吝有其機，莫能曉悟。欲預知之，以何道與？必曰：求諸吾心，易之妙而已矣。於是寂然不動，感而遂通，足以觀變玩占。運乎三要，必使視之而不見者吾見之，聽之而不聞者吾聞之，如形之見視，如音之聞聲，吾心了然，則易為卜筮之道，而何嘗專為卜筮之道？易在吾心也。此三要靈機虛應之妙也，至精至微，至變至神之理，百姓日用而不知，安得窮理盡性之士而與之論易！

邵子易數卷之二

八卦性情所屬

必兼四時看方，有乘除之妙。

乾主人剛正，語言真實，規矩方圓，豐衣足食，一生享祿，眼黑唇紅，氣格清秀。（得位得時為君父，為官長。不得時位，為僧為道。）

坎多狡詐，心亂不義，頭大頭長，有宿疾，多髭鬚，作事不定多改變。（坎為小人，易防易見。得位得時為聰明，不得位為小人。八卦皆然。）

艮謟曲見淺，作事有頭無尾，多成敗，與人不誠。

震貌面長好裝扮，作事多怪異，心難測，志大心高，無定見。

巽三峰面白，鬚長眼邪，心多嫉忌，性沉有語，少悅多思，易喜怒，主山林。

離性急躁，髮長鼻高，大身粗多智，雖有見識，多有頭無尾，主文書。（為小人難防難見，蓋五行惟火無體藏於四行之中故也。得位得時為聖賢，為君。不得時位為小人。）

坤肥黑，面上多點，性溫，沉重少言，作事多困，逢人面奉語柔，有始無終，主黑衣服。

兌主人瑩白肥大，有志善忍，文通古今，事多機變，主金谷口舌。

八卦用變吉凶訣

　　乾變上為兌，乃天澤下究，宜博濟下民。春為德澤仁人，夏為甘澤利物，秋成物，冬寒苦。金水命人吉，火凶。變中為離，日麗中天，宜趁時立勛。春融和，夏酷炎，秋成物，冬暖，五音平。火土命人吉。因時定斷。變下為巽，風行天上也，宜順時而出。春和氣，夏或鋪雲作雨，或收雲散霧，秋斂物，冬清涼。木水火三命人俱吉。

　　坤變上為艮，山積地上，自卑而高，宜積小成大，春夏長養萬物，秋秀實，冬退華。土金命人吉。變中為坎，孚陷潦地也，宜臨深戒意。春夏陽浮虛陷，秋土實，冬化生。木命發旺，金沉木漂，火滅土陷。變卜為震，雷出地中也，宜出達敬畏。寒谷生春，春分後榮顯，秋平，冬隱華，五音皆平。

　　震變上為離，雲雷收，日光見，宜兼善天下。春得令，冬雷隱，日暖安靜，夏秋日熾，水木宜之。變中為兌，雷雨交施，宜德澤於人。春夏秋生成萬物吉。冬雷隱而結災迍，水木土宜之。變下為坤，雷入地也，宜斂身自養。立春前，秋分後，恬靜，冬索寂無聞，五音皆平。

　　巽變上為坎，風行水上生皺文也，宜守靜觀變。春風解凍，夏溷坎，秋激浪蕩舟，冬結冰，能渙散凶事。火命大畏之。變中為艮，風入山林，君子握麾持節，常人宜守。春風草偃，夏林茂，秋零落，冬枯枝，木火吉。變下為乾，徐風掃漢也，宜坐享清泰。春暖夏颷，秋爽冬溫，四時靜寥，和

風晴明，五音吉。

坎變上為巽，海角生風也，宜漸進而升。春夏化露滋物，秋結果實，冬結霜冰，木吉，隨時而用。變中為坤，水入地而寒也，宜養晦韜光。春夏旱，秋冬合理。金得養木滋培，水阻滯逐決而流。變下為兌，地底生寒，困塞也，宜守貞自逸。春夏潤澤，秋盈坎放海，冬冷。金水吉。

離變上為震，雲雷蔽光，暖昧也，宜暗中尋明。春雷啟蟄，夏雷行雨，有代天之權，秋成物，冬生寒。金木大吉。變中為乾，日入乾天，落輝也，宜保天年。春夏陰晦，寡和合，秋冬日落，霜雪生寒。金火中吉。變下為艮，日入崑崙也，宜回光自照。春明晦相半，夏平，秋冬日入山，暑長景短，從容待變。木火吉。

艮變上為坤，脫險峻履平坦也，宜棄榮就遁。春夏山色錦繡，四季尤佳，秋冬平安。金木土宜。變中為巽，風生谷口也，宜險處求安。春夏草木盤根，秋冬萬物摧損，獨金吉。變下為離，日出扶桑，初旦也，宜升上近尊。春夏洞曉明徹，秋晦如日入西者，冬凶，反時也。木火吉。

兌變上為乾，雨收天淨，萬籟皆清也，宜從容自得。春有干犯之嫌，夏雨吻合期，秋天清澤靄，冬凝結當富饒。金水宜之。變中為震，雷動雨霖也，宜啟瘁發枯。春及時膏雨，秋西成豐利，冬雷伏隱靜。木土吉，變下為坎，雨積盈科也，宜流澆逸樂。春潤澤，夏榮舒，萬匯不求自富，秋及時，禾秀多稱，冬浸淫，或德澤，五音吉。

以上看法頗開人心思，觸類旁通，思過半矣。

端卦例

乾為父，老生，官員，寶馬，金，珠，上，玉，天，貴，骨剛，頭，冠冕類，鏡，涵，冰，水果，元元。

金牛滿腹布文章，釜柄車輿載地黃。黍稷衣裳盛瓦器，上中即墨是坤方。

長男初髮足，樹木萑葦綠。草果動繁蘚，柴桑兼核竹。五雷震動百蟲啼，碧碧青青井綠宜。竹器可將名樂器，三春桃浪拔龍鬚。

長女作僧尼，仙人送錦雞。工匠巧，羽毛奇，風繩潔白箭竿枝，筆直清香分草木，木魚股氣百禽啼。

中男兩耳如冰雪，長江月色開昏黑。為酒為霖為核仁，水族魚鹽同豕血。

中女離南日電明，霞霓紫亦動堅兵。披甲冑，開爐灶，槁木虛心烈火行。鱉蟹雉龜螺殼眼，書吏文人花木情。

手指少男鼻嘴長，諸禽百獸狗山獐。瓠瓜石上藤蘿背，道路鼠門入民鄉。

肺氣金鐘口舌頻，兼銅帶鐵斷刀輕。羝羊白澤瓶壺器，巫女歌娼總兌名。

卦爻分君臣

六十四卦，乾卦純君象，坤卦純臣象，明夷卦指上六為暗君象紂，六五為箕子象臣，餘皆五君二臣，看來自五君

外，諸爻皆臣位。特有遠近之分說者，謂四為大臣，以近其君也。又多稱二為臣，以其正應也。六三或從王事，三非臣歟？初則臣之最微者，所謂在野，曰草芥之臣也，亦取民象。蠱之上九高尚其事，又臣之隱居者焉。代淵曰：六十四卦皆以五為君位者，此易之大略也。其間或有居此位而非君義者，有居他位而有君者，斯易之變。蓋聖人意有所存，則主義在彼，不可滯於常例。王晦叔曰：不為君位者，其卦有四：坤也，遁也，明夷也，旅也。坤對乾以明臣之分。明夷亡國，紂是也。旅失國，《春秋》書公遜天王出居是也。遁去而不居，大伯伯夷之事也。此四卦所以不為君位也。

爻分三才

三畫下爻為地，中爻為人，上爻為天。六畫卦初二為地，三四為人，五上為天。《說卦》曰：立天之道曰陰與陽，立地之道曰柔與剛，立人之道曰仁與義。兼三才而兩之，故易六畫而成卦也。

爻分中正

陽爻居陽位，陰爻居陰位，為正（初九、九三、九五為陽爻之正。六二、六四、上六為陰爻之正）。陽爻居陰位，陰爻居陽位，為不正（九二、九四、上九為陽爻之不正。初

六、六三、六五為陰爻之不正）。二五為上下兩體之中，三四為一卦全體之中。《繫辭》謂非其中爻不備，又指去初上獨互中間四爻，言中也，剛中柔中，當位為正，失位為不正，皆《象傳》所取。

八卦形象鏡

乾

元亨利貞，正大忠厚，具圓轉周旋之體，有亢悔剛健之性。

天：中爻變，晴。上下變，雹。雲行雨施，品物流形。

地：京都，壇祉，官所，上下變，為宮殿。所以有坎為宮殿之言。

時：秋，甲己子午年月日時。

人：君，父，老人，王侯，富貴。

事：多動少靜，明正大方，官事。

身：首，肺，上下變，骨。

動：馬象。

靜：金，王冠冕，五金銅鐵黑，角鐘磬。

屋：公廨，關。駵。

宅：上爻變，秋吉，富貴宅屋。

婚：聲名之家，宗室。

食：帶骨肉，圓果，雞子，鳧，貓。

產：貴子，秋吉。

名：刑官，天使。

財：公門之利。

行：西北，京都。

謁：利大人長者。

訟：健，貴人助。

塋：高亢，大穴。

姓：商音金旁氏，王趙斜王旁。

數：九，一。

方：西北。

味：辛。

色：大赤，元，遇坤亦為白。

疾：肺喘嗽，頭為寒。

附金則五金首飾，附木雕琢之物。

附火陶鑄爐，附水土沙土生金。

坤

含弘光大，鎮靜慈柔，合離則相生，震巽為克制，艮乃沖而相合，攻為財旺。

天：陰，土氣，履霜堅冰。

地：鄉里，田野，郊原。

時：戊癸辰戌亥年月日時。

人：后，老婦，人大腹，爻高亦為王，方正。

事：宜柔順，田園土產。

身：胃，腹。

動：牝牛，馬。

靜：布帛，麻枲，柔順物，士。

屋：矮房，村舍，營房。

宅：安穩，陰氣。

食：土物黍稷，牛肉，野獸。

婚：鄉村或寡婦，富貴之家。

產：春不利母。

器：鼎，金，瓦土。

名：司農，教職。

財：五穀，布帛。

行：鄉里宜睦。

謁：鄉友，陰親。

訟：順，得眾心。

塋：平陽，近田。

疾：胃，脾，停，穀。

姓：宮音，帶土，王姓，旁文字，牛申車旁。

數：八。

方：西南。

味：甘。

色：黃。

附木則坎土山樹林竹木。

附火磚瓦窯器，附金乃金描之器。

重土田野泥中物。

震

運動震驚之體，軒昂作為之性，虛名虛位，合兌為克制，合巽乃比和，坤艮為財祿，合坎則生，合離乃洩氣。

天：大雷，陰雨，雲雪。

地：關東，大塗，馬頭。

時：春，乙庚丑未年月日時。

人：長男，擎斩人，樂工。

事：鼓噪多動。

身：足髮。

動：龍，魚，蛇，馬。

靜：竹，葦，蕃鮮，槁，紙。

屋：樹木，樓，閣，大塗。

宅：秋虛驚。

婚：長男，名家。

食：蹄，肉，核果。

產：男動胎驚。

名：號令或主簿。

財：竹木，茶，宜動求。

行：山林，東向。

謁：名世家。

訟：反覆虛驚。

塋：林中穴。

疾：肝，足，鳴驚因怒。

姓：角音，走之足字，竹頭木旁。

味：酸。

色：青碧。

數：四。

方：正東。

附水土竹木稼穡類，附金乃竹木雕琢之物，附火炮災之物。

巽

性實體輕，進退動搖。

天：多風，霾翳日障天。

地：花果菜。

時：春夏之交，乙庚丑未年月日時。

人：長女，秀士，工人技藝。

事：柔和不定，與震同謀。

身：白服，四肢股氣，寡髮。

靜：工巧，長器，繩。

動：雞，林禽。

居：寺觀，林中。

宅：利市，門戶飄蓬。

婚：長女，斯文。

名：風憲，副，文職。

產：首胎女。

食：雞，蔬。

器：床几凳台，三角物。

財：茶木三倍利。

行：東南，林荒。

謁：文人，佐貳，秀士。

疾：膽，股，風，氣。

塋：林，藏風穴。

訟：宜和，風憲怒。

姓：角音，草首木旁，禾女系。

數：五。

方：東南。

味：酸。

色：青，綠，白。

附離乃筆墨紙書契鈔圖書之物。

重巽輕薄之物，附兌可食之物，附金雕鏤木器。

坎

隱伏矯揉之象，流而不返之勢。

天：月陰雲見，坤艮為霧。

地：江澔，卑濕。

時：丁壬卯酉年月日時。

人：中男，江湖，盜賊，舟楫。

事：飄泊，柔陷，心事，淫欲，急事。

身：耳，血，腎。

靜：水中物。

動：豕，魚。

屋：近水，酒肆，宮室，牢獄。

宅：暗昧陰濕。

婚：中男。

產：次胎男。

食：魚，豕，冷酒，海味，鹽，醋。

器：弓，輪，舟楫。

名：河道兼魚鹽利者。

謁：江湖，鄰人水近，捕魚之家，鹽職。

財：魚鹽酒，失陷。

行：涉舟，勿遠去。

疾：耳，腎，膿血，冷泄。

訟：陰險淹滯。

塋：卑濕，水穴，得時為穴，不得時為屍骨。

姓：羽音，點水，心牛小皿水。

數：一，六。

方：北。

味：鹹。

色：黑，亦為赤。

附火乃煎熬，陶冶磚瓦。

離

明白光大，兵家事故，虛詐難信，寄物欺人。

天：晴明，紅霞，電光，星，日。

地：窯，冶，炕，燥，爐。

時：夏，丙辛寅申年月日時。

人：中女，君長，宗室，文人。

事：聰明，文學，虛假，火速。

身：心，上焦，目，大腹。

靜：甲冑，兵器，槁木。

動：雉，蟹，龜，鱉，蚌，螺，有殼。

屋：虛堂，廟宇，窗。

宅：安恬明達，忌火。

食：雉，煎燒熱物。

婚：中女，文家，宗室。

器：網罟。眼鏡。

產：中女。

名：官爐，虛銜，冶場。

行：陸地，文書事。

財：文書之利。

謁：文卷，老案。

訟：明辨，文動。

疾：心，三焦，眼，熱疫。

塋：高亢，無水。

姓：微音，旁四點，宋劉宗親，古國姓。

數：三，七。

方：南。

味：苦。

色：紫，紅，黃。

附巽乃書畫鈔，附木灰炭紙燭。

艮

天：黃沙，風塵。

地：土，山石，幽徑，門闕。

時：戊癸辰戌。

人：少男，閒逸，山人，太監。

事：石工，山貨，停止。

身：脾，指，背，鼻。

靜：山，土路，門，稼穡。

動：豬，鼠，長嘴，啄禽。

屋：近路山居，幽隱之處。

宅：安逸隱靜。

食：大笋，山菜，鼠。

婚：小童，村鄉。

行：不宜遠，前阻。

謁：仙逸士。

訟：牽連求止不決。

塋：山中穴，近路。

疾：脾，鼻，指，背。

姓：宮音，山土旁。

數：五，七。

方：東北。

味：甘。

色：土黃。

附水土泥沙石，附木禾黍草木。

兌

喜悅和柔之象，口舌是非之事，毀折附決。

天：星，雨澤，晴爽，霧散。

地：岡，原，鹵，廢井。

時：秋，八月己亥年月日時。

人：少女，妾，巫。

事：朋友聚論，悅，口舌謗。

身：大腸，舌。

靜：鐘，刃，缺物，上銳。

動：羊，大口物。

屋：近澤，敗牆戶。

宅：秋悅，夏口舌。

食：羊，澤物，馬，魚，鵝，鴨，酒漿。

婚：少女，口辨人。

產：夏損女胎。

名：武職，掌刑澤。

財：交易，費口舌。

行：勿遠去，防口舌。

謁：言路，藝術。

訟：曲直不決，口舌。

疾：喉，痰，腸，舌，喘，嘴。

塋：水穴或廢穴。

味：辛。

方：西。

姓：商音，口擊金旁。

數：二，四。

色：白。

附火爐鑄陶冶物，附木雕琢木器。

重金女人首飾之類。

夫二策既成，固足以定可否。若非卦爻比象，恐無以辨形勢。何以斷金短木長，乃鋤之理，外圓內方，為錢之象。據此以推，則物無遺象矣。

四時衰旺

旺乃春木、夏火、秋金、冬水四季土也，衰乃春土、夏金、秋木、冬火四季水也。總之當生者旺，所生者相，生我者休，克我者凶，我克者死，生旺衰絕之定理也。卦分體用，推時下爾我吉凶之殊，互為事之中應，變卦為後之結果，順以告來，逆以察往，非互變何以探其蘊哉！

起卦例三條

一大衍之數，讀本周易，皆有成規，不必贅敘。

一小衍之法，以五十策分為二，命占者先取一把八除，按先天數取卦，得上卦。如一乾二兌之類是也。再取一把為下卦，亦如之。二卦既成，視為某卦，合二策取爻六除，自下而上，一初、二二之類是也。

一用二字取畫占法，言為心聲，字見心畫。先書一字，一畫為乾，二畫為兌，八除先得上卦。又取一字，按字畫八

除為下卦。合二字再加本日之時，子一丑二之類，六除為動爻是也。易數占法最多，概刪之。

一凡占者必先默祝曰：假爾泰筮有常，假爾泰筮有常，某官某姓名，今以某事云云，未知可否，爰質所疑丁神之靈，吉凶得失，悔吝憂虞，惟爾有神，尚明告之。

起原策定例

卦有陰陽，數有多寡。陽爻得自三奇，三三見九。乃以四九因之，則四九三十六。故每陽爻，加三十六數。陰爻得自三耦，二三如六。乃以四六因之，則四六是二十四。故每陰爻，加二十四數。凡一陽五陰之卦，原策一百五十六。二陽四陰之卦，一百六十八。三陽三陰之卦，一百八十。四陽二陰之卦，一百九十二。五陽一陰之卦，二百有四。六陽之卦，二百一十六。六陰之卦，一百四十四。自陰而陽，自多而少，退之之義也。從陽而陰，自少而多，進之之義也。於此原策之內，方取演策，此一生二，二生三，三生萬物之義。所以感應昭昭，神鬼莫測也。

起演策定例

凡起演策，先看原策若干，次看上卦動，下卦動（卦數即先天之數）。上卦動，以動因十，以卦因零。下卦動，以

卦因十，以動因零。仍要知一轉在千萬上算，二轉百十上算，三轉零數上算。假如占值地天泰六五爻動，原策乃一百八十，是上卦動，該以動因十。又一轉千萬上算，五爻動，該下五十個一百八十，五的五千，五八方四千，共計九千。又以卦因零，坤八數，二轉百十上算，該下八個一百八十，仍加原策一百八十，連前共計一萬六百二十。三轉零上算，算加坤八乾一，又加動爻五數，通衍得一萬六百三十四，以究元會運世，而吉凶悔吝之道昭昭也。

　　算定三百八十四爻千百十零先天策數（要法捷彖也），演元會運世，去萬不算。

三百八十四爻成策數

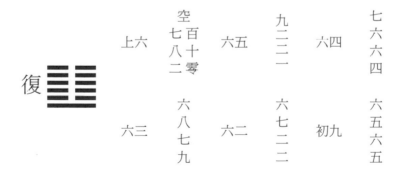

復

上六　　　空
　　　　　百七十八二

六五

九二二一

六四

七六六四

六三　　　六八七九

六二

六七二二

初九

六五六五

頤 ䷚

上九　六三
一四四一　七四空六
六五　六二
九七六空　七二三七
六四　初九
八空七九　六空六八

屯 ䷂

上六　六三
一二七一　七四空五
九五　六二
九五九一　七二三六
六四　初九
七九二空　七空六七

益 ䷩

上九　六三
一八九五　七九三二
九五　六二
空空九四　七七五一
六四　初九
八二九三　七五七空

震

七五七二　七空六五

九四　初九

九二五三　七二三四

六五　六二

空九三四　七四空三

上六　六三

噬嗑

七九三一　七五六八

九四　初九

九七三二　七七四九

六五　六二

一五三三　七九三空

上九　六三

隨

七七五空　七五六七

九四　初九

九五五一　七七四八

九五　六二

一三五二　七九二九

上六　六三

無妄　䷘

上九　六三　一九一五　八四五六　九五　六二　九九九四　八二六三　九四　初九　八空七三　八空七空

明夷　䷣

上六　九三　一六空九　五七六二　六五　六二　九九二八　五五五七　六四　初九　八二四七　六三八八

賁　䷕

上九　九三　二二五六　六一三三　六五　六二　空四五五　五九五二　六四　初九　八六五四　五七七一

既濟

八四七三　五七七空

六四　初九

空二七四　五九五一

九五　六二

上六　二七五六　三二　九三

家人

八八四四　六一五三

六四　初九

空七六五　六三四六

九五　六二

上九　二六八六　六五三九　九三

豐

八一一一　五七六八

九四　初九

九九一二　五九四九

六五　六二

上六　一七一三　六　三空　九三

離 ䷝

八四五八　九四　空三七九　六五　二三空空　上九
六一五一　初九　六三四四　六二　六五三七　九三

革 ䷰

八二六五　九四　空一八六　九五　二一空七　上六
六一五空　初九　六三四三　六二　六五三六　九三

同人 ䷌

八五七六　九四　空六一七　九五　二六五八　上九
六五三三　初九　六七三八　六二　六九四三　九三

臨 ䷒

八二四六　三七空七
六四　初九
九九二七　三八七六
六五　九二
上六　六三
空六空八　四空四五

損 ䷨

八六五三　三九七空
六四　初九
空四五四　四一五一
六五　九一
上九　八二
二二五五　四三三二

節 ䷻

八四七二　三九六九
六四　初九
空二七三　四一五空
九五　九二
上六　六三
二空七四　四三三一

中孚

八八四二　四二三二

六四　初九

空七六四　四四二五

九五　九二

二六八五　四六一八

上九　六三

歸妹

八一一空　三空六九

九四　初九

九九一一　四一四八

六五　九二

一七一二　四三二九

上六　六三

睽

八四五七　四空三空

九四　初九

空三七八　四四二三

六五　九二

二二九九　四六一六

上九　六三

兌

八二四六　四二二九

九四　初九

空二八五　四四二二

九五　九二

二一空六　四六一五

上六　六三

履

八五七五　四四九二

九四　初九

空六一六　四六九七

九五　九二

二六五七　四九空二

上九　六三

泰

八八三三　二一七空

六四　初九

空六三四　二三五一

六五　九二

二四三五　二五三二

上六　九三

大畜　䷙

	上九	六三
三空七空	二六九九	
一四九	二五空六	六五　九二
	六四	初九
九二二八	二三一三	

需　䷄

	上六	九三
二八七七	二六九八	
空九五六	二五空五	九五　九二
	六四	初九
九空三五	二三一二	

小畜　䷈

	上九	九三
三四七六	二八六五	
一四三五	二六六空	九五　九二
	六四	初九
九三九四	二四五五	

八六四九　二三一空

九四　初九

空五七空　二五空三

六五　九二

二四九五　二六九六

大壯

上六　九三

八空空空　二四五三

九四　初九

一空二五　二六五七

六五　九二

三空六六　二八六二

大有

上九　六三

八七七九　二四五二

九四　初九

空八空二　二六五七

九五　九二

二八六一　二八六二

夬

上六　九三

乾

九空七八　二五九五
九四　初九
九五　九二
一二三九　二八一二
三四空空　二空二九
上九　九三

姤

八五七八　空六一五
九四　初六
九五　九二
空六一九　空八二空
二六六空　一空二五
上九　九三

大過

八二六七　九九九二
九四　初六
九五　九二
空一八八　空一八五
二一空九　空三七八
上六　九三

鼎

八四六空　九九九三
九四　初六
空三八一　空一八六
六五　九二
二三空二　空三七九
上九　九三

恒

八一一三　九三七空
九四　初六
九九一四　九五五一
六五　九二
一七一五　九七三二
上六　九三

巽

八八四六　九九九五
六四　初六
空七六七　空空八七
九五　九二
二六八一　空三八一
上九　九三

井 ䷯

	上六	二空七七 九七三四	九五	空二七六 九五五二	六四	八四七五　九三七二
	九三		九二		初六	

蠱 ䷑

	上九	二二五八 九七三五	六五	空四五七 九五五四	六四	八六五六　九三七三
	九三		九二		初六	

升 ䷭

	上六	一六一一 九空□□	六五	九九三空 八九一九	六四	八二四九　八七五空
	九三		九二		初六	

八空七五　一九一二

九四　初六

九五　九二

九九六　二一九五

一空一七

上九　六三

訟

七七五二　一六九

九四　初六

九五五三　一三五空

九五　九二

一三五四　一五三一

上六　六三

困

七九三三　一一七空

九四　初六

九七三四　一三五一

六五　九二

一五三五　一五三三二

上九　六三

未濟

解 ䷧

	上六	空九三六	六五	九二五五	九四	七五七四
	六三	空七六五	九二	空五九六	初六	空四二七

渙 ䷺

	上九	一八九七	九五	空空九六	六四	八二九五
	六三	一五三四	九二	一三五三	初六	一口七二

坎 ䷜

	上六	一二七四	九五	九五九三	六四	七九一二
	六三	空空六七	九二	空五九八	初六	空四二九

蒙

八空八一
空四三空

六四
初六

九七六二
空五九九

六五
九二

一四四三
空七六八

上九
六三

師

七六六二
九六八七

八四
初六

九二二三
九八四四

六五
九二

空七八四
卒空空一

上六
六三

遁

八空七六
三八三三

九四
初六

九九九七
四空二六

九五
六二

一九一八
四二一九

上九
九三

咸

七七五三　二九七空

九四　初六

九五五四　三一五一

九五　六二

一三五五　三三三二

上六　九三

旅

七九三四　二九七一

九四　初六

九七三五　三一三二

六五　六二

一五三六　三三三三

上九　九三

小過

七五七五　二一空八

九四　初六

九二五六　二二七七

六五　六二

空九三七　二四四六

上六　九三

八二九六　二九七三
六四　初六
空空九七　三一五四
九五　六二
一八九八　三三三五
上九　九三

漸　☴☶

七九一三　二一一空
六四　初六
九五九四　二二七九
九五　六二
一二七五　二四四八
上六　九三

蹇　☵☶

八空八二　二一一
六四　初六
九七六三　二二八空
六五　六二
一四四四　二四四九
上九　九三

艮　☶☶

謙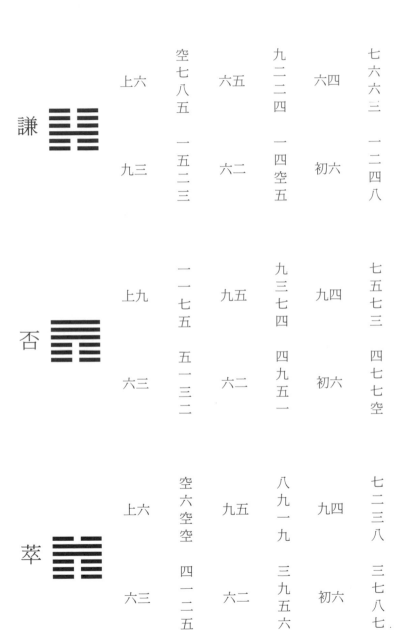

七六六三　一二四八
六四
初六
九二二四　一四空五
六五
六二
空七八五　一五二三
上六
九三

否

七五七三　四七七空
九四
初六
九三七四　四九五一
九五
六二
一七五　五一三二
上九
六三

萃

七二三八　三七八七
九四
初六
八九一九　三九五六
九五
六二
空六空空　四一二五
上六
六三

晉

晉 ䷢

七四空七	九四	九空八八	六五	空七六九	上九
三七八八	初六	三九五七	六二	四一二六	六三

豫

豫 ䷏

七三二六	九四	八五九七	六五	空一五八	上六
二八空五	初六	一九六二	六二	三一一九	六三

觀

觀 ䷓

七七四七	六四	九四二六	九五	一一空七	上九
三七九空	初六	三九五九	六二	四一二八	六三

比 ䷇

	上六	空四七一	九五	八九空一	六四	七三五空
	六三	三一二一	六二	二九六四	初六	二八空七

剥 ䷖

	上九	空六二九	六五	九空六八	六四	七五空七
	六三	三一二二	六二	二九六五	初六	二八空八

坤 ䷁

	上六	九九五八	六五	八五一七	六四	七七空七六六
	六三	二二一五五	六二	一九七空空	初六	一八二五

以上成局，先天數也。求算士算出各爻成數，以便占推。然其中或有錯誤，願占者臨時加考算可也。

邵子論策

邵子曰：先天之策，陽爻用太陽之九，陰爻用太陰之六，變之常也（當加斟酌，未必全然）。變之常，前聖顯諸仁也。後天之策，陽爻用少陰之八，陰爻用少陽之七，常之變也。常之變，先聖藏諸用也。

卜易變通論

據數以判吉凶，此易之正體也。然不以理數推之，拘時之見聞，或有占之不驗者，且如一二三四五為生數，當以吉論。殊不知五則生之極，而有卸意存焉。六七八九十為成數，亦當吉論。殊不知十則成之過而有敗機寓焉。又如占得震為龍，若飲食得之，龍可食乎？類推之，魚可也。占天時，震為雷，冬月無雷，擬議之撼風掀物是也。占時又不可不別坐臥行立之義。坐則主遲，臥則事寢，立則將行，行則應急。如此，然六爻動變之中，又有緩急之異。如一爻動，則事已經營而謀行（舊說不敢盡廢，辦緩急法後有定論）。二爻動，主事已決而將動。三爻動，見諸行事。四爻動，行之至急。五爻動，行事已成。六爻動，動之過矣。若私意

起，而反惑，有不行之義也。此類難以悉陳，要在觸類。故曰，正占旁應，俱不可廢。此變易之至要也。

卦數相成之妙

夫易之數，天地之數也。天地未判，是數涵乎太極之中。太極既判，是數行乎天地之內。故以日月星辰水火土石盡天地之體用，以寒暑晝夜風雨霜露盡天地之變化，以情性形體飛走草木盡天地之感應，以元會運世年月日時盡天地之始終，以皇帝王伯詩書易春秋盡聖賢之事業。自漢以來，一人而已。迨子伯溫重道隱德，深探易數之源流，細參陰陽之造化，大則知國家興衰、人物貴賤，小則知器物之朽壞、草木之榮枯。有如聞洛陽杜鵑啼，竹木寶馨響，已垂之青史矣。學者得其數而思賢聖之妙，非其人莫與談也。

夫卦數未成，先當體日辰如何。若得好數，而日辰不生旺，有氣而不遇時，亦徒用心；得惡數，而不生旺逢時，為害必小。

大凡衍易，先策其數，以定爻，得爻以定位，定位以明卦，得卦以觀繫，見繫以言象，思象以著文，明文以取象，象定以求意，意定而後言其吉凶也。

凡取驗易象，先用本卦之體而明定之，次用本爻剛柔得位失位而定之。又本爻上下無相害相比相侵而定之。又看上下有無應援而定之。其次用互體。其次用變卦而成之。亦須審上下遠近剛柔而定之。其次五行勝負而定之。以後方取天

地水火山澤雷風之象，健順動入陷麗止悅之義，寫之以示於人。此其八卦變革化成萬物之象也。

年卦為上爻，月卦為五爻，氣卦為四爻，候卦為三爻，日卦為二爻，時卦為初爻。蓋天之道，自冬至之日，夜半子時，為一歲首，至亥為終。從微至著，積時成日，以日成候，以候成氣，以氣積至四季而歲成矣。故易者業資。九聖時曆三古，不墜於秦，復興於漢，實以順性命之理，故曰立天之道曰陰與陽，立地之道曰柔與剛。兼三才而兩之，以六畫成卦，分陰分陽，選用柔剛，故易六位而成章，斯之謂歟！

遲速斷例

吉凶禍福，須精研之。或時吉方吉而位不吉，或時凶方凶而位不凶者，合二吉一凶，二凶一吉，此有救援，實減其半，應在遲。其卦時位三者中，得其一吉，亦略有吉。大抵凶多吉少，則凶必至，但稍遲。值吉多凶少，則吉耳。蓋凶多吉少，則凶亦不能轉其吉。斷法以卦為最要，時與方略次之。如三者皆吉，則以吉論，其遲速以坐立為主。如二卦合十數，睡則十日內應之，行則三四日應之，立則三分取一之位，坐則五日應之。中分而言，無救則取前論以斷之。如有救，則用九因之法以驗其年月日。九因以二卦正數合為一卦，如推年之例。

定事應遲速例

　　夫元會運世之數，備載年月日時，可辨時下吉凶。其日後之應，結果休戚，遲速又不可不預知也。即先天干支之數定之，屢有左驗。甲己子午九乾，乙庚丑未八巽，丙辛寅申七離，丁壬卯酉六坎，戊癸辰戌五艮十坤，巳亥單行四兌。又曰申酉亦是四兌，寅卯當作三震，巳午又為二離，亥子為之坎一，丑未又作五艮十坤（獨在元會運上十五，以日期看，單日十五皆為艮，雙日十五皆為坤）。假如元是二千，屬火，火旺於巳，午應在巳，午年會是九百，屬乾金，金旺於申酉，應在七八月。運是七十，亦是火，丙辛寅申七，應在丙申丙寅日。世是六數，應在丁酉、丁卯時。看生數宜求旺日，看死數照甲己子午起，順之知來，逆之知往，遲速之機決於此矣。

　　甲己子午等語是就卦斷日期法，四九為乾兌等語是就元會運世之單卦斷日期法。善占者觀動爻與靜爻，反覆觀之，則即可得說矣。

邵子易數卷之三

天時

天氣下降為雨，元生會數之間。地氣上升為雲，會生元數之上。數逆而偶為久雨，數順而奇為久晴。一陰一陽，時晴時雨。一逆一順，或晦或明。缺運者不見日光，缺世者難逢月色。會二七而世一六，朝晴暮雨（坎見乾有雨，見坤即晴）。元三八而運五十，旦風夕雲。又以通變之爻決遠近之期，久晴逢缺而雨，久雨逢斷乃晴。一六陰雨而終不晴，二七炎日而必無雨。三震雷電，八巽風霜，四兌澤雨為霖，九乾晴明為日，五坤十艮乃晦乃晴。

乾兌坎居元生會，有雨無疑。離居元生會，乃先晴後晦，微雨瀟瀟。震巽居元生會，晴必有風，或雷雨交作。乾兌居會生元，亦主陰雨。又如離居會生運克元，無雨。艮克元，雨即止。坎克元，先晴後陰。乾兌克元，不雨即風。坤克元，無雨。震巽克元，微雷不雨即風。一六克元，雨從北來。三八克元，風自東起。四九克元，雨臨西止。不合局者不應。

風雨賦

　　造化之功用難測，理數之元微可據。乾象乎天之圓明，而四時順布。坤法乎地之重濁，而一氣混融。乾坤兩全，晴雨時變。坤艮兩立，陰晦不常。數有陰陽，畫有奇偶。奇陽偶陰，陰雨陽晴。重坤為老陰之極，陰極陽生。重乾為老陽之極，久晴必雨。若重坎重離，一日時晴時雨。坎為水必雨，離為火必晴。乾兌之金秋晴明，而冬雪列。坤艮之土春陰沉，而夏蒸溽。艮為雲，巽為風，風雲際會。乾兌乃雪霜雹霰。離火為日電虹霓。離電震雷會合，而雷電交作。坎雨巽風相逢，而風雨驟至。震卦重逢則雷驚百里，坎卦疊見則潤澤九垓。故卦體之雨逢依爻象之總斷。地天泰、水天需，昏蒙之象。天地否、水地比，黑暗之義。見純離而夏必旱，見純坎而冬生寒。既濟、未濟四時不測風雲。中孚、大過三冬必然雨雪。蹇、蒙百步必須執蓋。升、觀四時不可行舟。離在坤上，暮雨朝晴。離在震宮，暮晴朝雨。巽在離，虹霓乃見。巽在坎，造化亦同。震離為雷為電，應在夏天。坎水為霜為雪，形於冬月。大小畜則皆生風，大小過則皆有雷。

年運

　　春得夏數者，民多疾疫，總依月令。

西成

　　三八為禾，五十為田。坤艮並而田土相宜，震巽同而禾苗挺秀。體受克，秀而不實。變受克，實而不收。變體相生，收成吉兆。離多主旱，坎重必淹。坎巽生體而雨順風調，坤艮同逢而年豐歲稔。本卦言其始，變卦言其終。互上吉則早禾收，互下吉而晚稻秀。兌巽相並，主有蟲蝗。坤巽重逢，乃登百穀。巽克體主風不調，兌克體而蟲必損。

　　乾兌起刀兵，震巽屬木榮，巽風逢秋死，離旱火為雲，坎流僃莫布，坤厚有收成。乾兌賷財帛，震艮豆麥豐。巽風損草木，離禾主生蠹。

運會

　　元為君主，會為輔相。會受克，群臣有凌上之威權。元克世，明主有遠邇之剛果。

　　元為宗廟，生運則社稷鞏固。世作皇嗣，生運則善承丕業。天子為運，不宜與世沖刑。臣乃會數，最宜與運比和。上下來生，四海咸知尊聖主。內外純克，八方無不動干戈。會刑世則奸臣攬柄，若值退則科道縮頭。運遭克而世來扶，大變處武功有助。數值進而離來，太平年文官守成。

軍旅

　　全體者得權，空缺者無勢。元為帥，會為將，運為兵卒，世為甲冑。正卦之策為我，變卦之策為彼。元空大將失利，會缺小將無為，運斷人馬有傷，世絕甲兵不足。彼數強者則深溝高壘以守，彼數弱者則堅甲利兵以攻。數多克其元，獲其卒伍。數盛臨其運，破其陣勢。我數空三位二位者失陷而回，彼數缺元策運策者戰敗而去。逆數不可往，順數方可攻。下生上者大將成功，上克下者師人聽命。彼克我數為我敗日，我克彼數為我勝期。乾兌兵甲堅利，坤艮而城郭完固（以本卦占總宜細查世之何如）。如彼勢向南者我宜向北，彼勢向東者我宜向西。蓋取受克之方以決必勝之理。坎艮來克我運，須防山水埋伏。數少來合我多，定然捲旗來降。出征時卦喜進順，安營處數樂滿合。一六居體恐陷寨，二七克運防火攻。元木絕知無糧草，數若退伊動退心。觀彼勢旺之方可遁可避，乘我所克之地乃戰乃攻。善守宜擇生氣地理，臨征要選旺相天文。

堪輿

　　體為主，用為賓。體為人，用為墳。乾兌宜山首之穴，坎兌宜近水之濱。艮巽乃山灣之所，坤宜平陽地，而艮近山田小徑古墳之處。震宜路旁平崗之穴，山腰所居，震巽宜竹木鐘鼓聲音之所。
　　又艮乃本體，坤為根源。坎在巽則水自東南，坎在乾則

水自西北。在陽左至在陰右，來廣見乾，離涸亢之所。

艮多為絕頂峰巒，巽多為深林洞谷。坤近田舍，兌近澤溪。無震巽則樹木稀，有乾兌則樹木損，互克體為鬼爻多犯。

生體者福蔭後昆，克體者災生眷屬。乾兌乃西北之向，震巽為東南之地。

乾為父，坤為母。陰卦女墓，陽卦男墓。變在內，乃新阡。變在外，乃遠祖。見離必是新阡，見艮改之不宜。缺十難存身，缺零必絕嗣。生數有益，逆數多災。亦以十零定其坐向，震東兌西類是也。元乃槨，會棺，運骸肯，世衣衾。此四象之在內者，元為長上，會為親友，運為夫妻，世為子息。此六親之在外者，進世數載戰十葬九不安，缺十改須急，多缺皆不利，全備乃為奇。

凡占塋地，四數俱宜進順四柱，不宜休囚。二七生體，穴必高朗。三八益運，後宜榮顯。世運爭克，骸不安而後必貧。上下比合，葬後而安，嗣定發。運克會而父母不吉，世泄體而了緒飄蓬。缺元不守祖業，少會定離父莊。運空身與妻災，世缺子息逃竄。離主文明，克之斷作火厄。坎為洪流，沖之必是水沒。

卜築

十為坐山，零乃方向，又為朝案。

求田者五十不可缺，問舍者三八須要全。順生者吉，逆

空者凶。全數家宅安，空缺門戶災。二七無制，火災必然多事。四九有氣，金帛利益榮昌。生內乃富貴之家，克外乃勢利之人。生外貧窮，克內耗散。元會缺，父母禍連。運世空，妻子災重。父母憂來，重克重戰，禍患相侵，多缺多空。秋得夏數者，疾病相生。夏得秋數，災殃必至。生旺增百福，休囚多災屯。元克運，防有官災。世克十，恐致盜賊。內生外者財散，外生內者錢多。奇數盛，其家少女多男。偶數盛，為人少男多女。順數必發，退數必衰。旺木克土招穿窬，三金制木防傾圮。

　　乾坤家宅定安穩，震巽門戶生虛驚。離主離散，兌乃口舌。坎逢克而貨財耗散，乾受生而金帛滿盈。內克外，己制人。外克內，人謀己。克我旺盜賊侵凌，克我衰小人退避。乾為老人，艮少男，震長男，坎中男。離在夏，宅內光明。兌在冬，宅門暗昧。離與巽並遠信文書，坎與兌相和來交易。離盛約震巽，無十書必主火驚。坎盛遇乾兌，非交易必多喪失。體衰而見克者必主多事，體盛而見克者亦主病人。

　　變克我須防官司，體互不和家多疾病。陽多則男盛，陰多則女盛。

身命

　　凡占身命，體為主，用為命，俱宜旺不宜衰。正數相生，五字有情，早年發福。正數無情，互變相生，晚運亨通。正數互變俱來生體，更遇五字有情，一生順利。正數互

變俱來克體，再見五字無情，平生艱苦。用逢順進二氣生體者發財福，用逢順進氣克體者損財物。

純陽逢時（指卦象），聰明特達之賢人。純巽逢時，爻位高者，為神仙異術高人。用體純陽，五字又逢陽者，為孤，遇陰亦然。用居上九，人物高明。用居上六，人物偏傲。男命以體為主，女命體為夫命之死生運數。推究數之行運定位，而推定位即水火金木土周而復始，逐年太歲亦依五行推之，則可得矣。

開創

元為元祖，會為大宗，運為己身，世為子孫。無缺必能長久，有空豈得堅牢。三八逢二七必主回祿，五十生乾兌僅存瓦石，四九遇一六先看木朽。元數空者後不利於父母，會數缺者必見禍於兄弟，運數缺者身與妻災，世數缺者子與孫絕。得順數者先貧後富，值退數者先富後貧。

伉儷

正卦之策為此氏，變卦之策為彼族。元會運世之位，祖父妻子之端。男數欲陽，女數欲偶。此夫為十，彼十為婦。女家占得反此，男族占之亦然。元數空不利於長上，會數缺不宜於兄弟。十數空夫妻兩亡，零數空子孫俱無。陰剝陽則

夫不永，陽勝陰則婦必傷。

元克運主婚不領金諾，會生身執柯願與伐柯，世生運女人先有順意，運生元妻家多要聘財。元空必無父母，世缺難得合偕。會空而元生運，不用媒人。元合運世合，妻而不告。世值進生財益子，數若退娶後屢空。

兌單逢木，未成而先見口舌。重見純陽，早諧而又且忻悅。乾震多則坤艮有阻。體盛則吉，體衰則凶。體之上為外家，體之下為內家。沖時不遂，合時有成。定其日時，觀其互變。互有克者，夫妻反目。變有克者，夫妻不全。我不克財強，而娶後貧。我既克財強，而娶後富。須齊克應，亦論爻詞。以互爻為梯媒，以次數為男女。在陽而男人說合，在陰而女人結緣。

麟孕

外卦為母，內卦乃身中所懷。陽卦居內，或動是男。陰卦居內，或動是女。要分已臨期、未臨期。如正臨盆之時得坎數居十，乃生門有水，陽極則陰生，純乾生女，陰極則陽生，重坤必男。體為母，變為子。變陰生女，變陽生男。變克體，母亡子存。比和則吉。生亦不宜艮，主難。生坎為陰厄。乾為易產。兌乃不全。艮乃止極。震巽同而防病風。乘旺當時，不以此論。巽乾有制皆成，多是雙生。艮坤不生，無氣不能。兩全時與變宜，順時與體莫沖。何日何時取其互變。體生內則產，互生內漸生。變生內產遲，互無生者產期

未定。變初與四應遲，二爻次之，五爻將生，上爻極速。

應制

元為主考，會為房官，生身者試官高取，運為本身，世為文章，扶我者策論新奇。運旺作文有旨，世扶詩文宣時。二七生身文必勝，三八益體名高揚。順滿鰲頭有望，空缺榜不填名。我克元文已下第，元克運試官嗔嫌。元若空主考不顧試卷，會值缺房官不薦佳章。運缺自失本旨，世空考卷差訛。大率小考鄉試雖異，均用日主月建相扶。

體卦受上之生，名易成。若受克，則難成。生上則成遲，比和成速。互為時日，變為事之終。如變克體者，則總成亦不善終。若生比和則吉，乃主發解。

又如乾克體，則老人阻隔。艮為少男，坎為中男也。乾生體，則老人成就。坎中艮少亦然。

體卦旺，互卦生，如坎之遇乾，離之遇巽，必主名題雁塔，身到鳳池。艮之遇坤，春天勿用，夏得此名利雙美，艮者，止也，極也。乾坤兩立，乾體則吉。坎離重逢，離用為佳。喪職失名，莫出乎坎艮。失威損位，兌卦遇逢。兌，折毀也。猶艮止而坎陷也。離乃文書，逢克尤凶，遇生則吉。欲預知其年月日時，體下卦取。欲知日時，互之下卦取。

除授

　　內卦為官，外卦為祿。官克祿主榮遷，祿克官先有禍。世動為身，應為官祿，並居官之所。應克動，官祿榮進。動克應，喪位失職。動生應，我求進。應生動，人薦舉。

　　元為朝廷之上，會為宰輔之間，運為己身，世為任所。上下不可逆，內外不可空。進數升上，退數失下。元會生體，官祿倍加。元會克體，必遭裁貶。元會泄體，徒費心機。離巽乃文章，乾兌為幣聘。元五運二位近君王，上乾下坤出將入相。一六坎陷，二七離明，三八有聲名，四九多美譽。二七逆體，文書憂惱。一六戰體，笞杖災傷。零空不利於民，運缺難存於己，父母丁憂因百數斷絕，元數不全恐首先獲罪。空兩位者不吉，空三位者純凶。缺運無吉遇者，赴任必死。三位逢戰遭者，有罪必刑。陽數重為文職，陰數重必武官。乾坤兌位居西北，艮震巽離位必東南。元為君，生運者吉。運為臣，克元者凶。上下生身吉兆，上下泄體非祥。世克十恐有賊害。內生外貲財散失，外生內財物增美。奇數盛不利於女，偶數盛不利於身。欲知品級，以互下之卦取。如乾則令尹，或傳馹宣命之官。因乾多動也。若坤艮，乃守土之官，或治田勸農之職。兌離乃主金銀爐冶之任。乾兌為武職，巽離乃文職。乾巽乃財賦之官。乾在坎乃鹽運，在巽乃參運，重坎則魚湖漕運，重艮主草市山場。大抵互變克身，事多不成，或孝服剝，卸喪職，閑曹散秩，或難善終。合而沖，成則不遂，衰而終滯，旺則必成。

謁貴

　　元為貴人，會為承紹，上下俱宜生體。運為我，世為財賄，內外不可空亡。運和世，去必厚款，仍多助。元生身，見則重賄，且歡欣。元空，謁見雖勤不遇貴。世缺，賢能邁眾亦無財。二七比，定有文書之美。四九和，決有金玉之助。數值進，即宜往謁。策若退，且莫臨歧。

　　乾君子，坎小人。離巽文書，艮兌反背。體用總要比和，上下不宜戰克。陰卦盛利陰貴，陽卦盛利陽貴。如坤艮之在春見貴不得，若重離之在夏為事乃成。體生用固不吉，內生外亦不宜。互克體用而不悅。若受克重，彼亦疾病。受泄重，彼亦空疏。體克用貴人不得見，用克體貴人亦不和。體生內，變克內，先喜後凶。變克內，體生內，先怒後悅。內外比和，貴人握手，前後相益，美事必成。

問財

　　元為財，會為食，運為己，世為人。元會數順者得財得物，會世生運得財加倍，會克體得財而即散。生內吉，克內者無。一六水邊得財，二七炎火中覓。三八乃材木，四九乃金銀，五十田土之事。若會缺重重，方且致禍。

　　乾金谷，坤絲麻，坎不成，艮乃止，兌終毀折，離主消磨。體克用乃無益，比和則吉。為體者莫生於用，為用者勿克於體。四時有氣，理必有財，逢衰無益。財之數目體卦，

取財之日時互卦求。

貿易

　　元為易主，會為牙人，運為我財，世為人財。元克世主人不用，會值空中人虛傳。數若進，成而有益。策見空，買亦徒然。元會比，中人偏伊多估價。會運合，主謀護我不多評。世生我倍有利息，數值退虧本折錢。若退數生體，必主退後還成。

　　元克運，運克元，皆不成。運克會，減價，十生百，增價。巽乃文書，離亦交易。坎主不成，兌生口舌。坤艮乃山林土田，乾兌乃金銀財貨。乘旺者宜，逢沖不遂。艮多阻隔，離主貿易。上體克內而互卦生內，先凶後吉。互卦克內而變卦生內，無始有終。體互生而變克內，久後不宜。體內乘旺而諸卦休廢，事必益盛。體內旺吉，體衰終因。生我者吉，非惟有益，亦主後利。克我者旺，非惟無益，恐後官司。日辰時體互變爻，依此斷之，理無不中。

商賈

　　元為財物根本，會為財物貨利。元會順，買求其物必得。運世進，主與外人和諧。元會生體，財利加倍。元會泄體，無利可取。脫貨求財，其理則一。頭大尾小，折本無

聊。欲求脫貨者，泄體不妨。要求全美者，生體佳旺。會世逢空，有物無人問。若占行貨，運為途間之應，世為欲往之方。會和運，路逢好侶。百克十，恐人盜謀。數值進，行多順意。世若空，此去折錢。一六生身利舟楫，五十益體可途行。三處純克恐有失陷，四柱順滿決無阻滯。

行旅

以上卦為外，以下卦為家。乾震主動，坤艮主靜。坤艮變震終必動，震變坤艮終必止。兌主悅而勿爭。內外受生，利有攸往。用卦受克，行則不美。變卦克身，往而忘返。互卦克體，久而無成。坎之為卦，險處生憂。艮之定卦，動而必阻。生體眾往必獲利，克體多行必有事。體更弱者有官事，更無救者恐身危。亦論爻詞，又論克應，能行日期寄在互爻。

元為未去之初，缺則始焉有阻。會為方行之際，空而去也不成。運數空而中道不安，世數空而彼處多危。生內者獲利千緡，克內者勞苦萬端。三八克體防雷風，一六克體見雨阻。逆數不可往，順數乃可行。空缺之數行則不歸，克戰之數蕩而忘返。會空並無克，皆不利於行。零空不宜出，零乃足也，無足難行，勢有必然。

來歸

　　乾震多動將來，坤艮多阻未起。兌乃願來見阻，坎乃涉險而歸。離巽在內則有喜事，進數居前常逢歡悅。一六者舟至，五十者陸來。空一位者生病，缺兩位者身亡。生內即見到，克外無復來。體之上卦取行人之兆，體之下卦作自己之占。（初爻非甚急則甚緩，至六爻則急必矣。）變生初爻臨門已至，變生二爻行者近日必歸，三四中途，五六未起。克應爻詞其言可見，互生變卦其時可知。

　　　　近取日辰遠取月，休囚旺相泄天機。
　　　　甲己子午加數斷，百發百中驗無疑。

　　乾震居零，克體即到，生體尤速。零空人不返，元空彼難離。又以上下二卦分內外，初爻變，行人欲動未動，五爻在外之中途，二爻乃近家之中途也。初二爻動，不久即到，三四爻居危疑進退之間，五六爻已動將至也。

期約

　　體生用不至，用生體乃來，克體不至。體生用宜去就他，體克用其來必遲。比和必至，艮坎多阻，離即相見。陽卦變陰爻來速，陰爻變陽卦來遲。動當震巽立至。初爻為足，二爻動，則來急，三四爻猶豫多疑。

盜賊、失物

　　零為彼類，十為此身。克入莫逃此矣。生出必損己物。物之失者，觀零之位。物之得者，察會之爻。內生外者不見，外生內者易尋。八卦定方，四象明理。元為老人泄體者是，會乃少壯克體者強。二七失物，覓之灶窯之中。一六喪財，索之溝濕之地。三八居草木，四七傍金石。欲識為盜之人，須究成卦之策。坤艮得乾兌，必在州城。震巽過五十，多藏溝壑。離在震，乃權要之家。坎遇兌，即歌唱之肆。重木遇乾，樓臺之上。重艮見震，牆壁之間。坤若見巽，其理亦然。巽為信息，兌為口傳。

　　巽兌在元可問老人與父，巽兌在會得之朋友弟兄。巽兌在運，問人之妻。巽兌在世，問人之子。欲見服色者察其體，欲知冠戴者視其元。會為手執之象，世為足履之物。但以零為藏，十為身。大抵克我不可往，生體乃可求。運空世盛往必災傷，彼柔此剛尤為大吉。離而盜賊敗露，坤而惡隱多方。互生體易求，互克體難覓。體生互亦然。外看克應，且審爻詞。變卦生人，事終益主。變爻克應，理必傷人。震而主賊多驚，乾而主賊皆勞。若坎主盜賊，艮乃伏藏。變在內者物未出，變在外者物難尋。有乾而惡人已遠，有艮而住腳未行。坎主伏水濱，見兌而必敗露。克及時者不可追，必至相傷。坎及時者勿獨覓，恐有橫災。

　　元為物之根，會為所失之物，運為己身，世為得物之人。運數空缺必伏藏於虛陷之中，卻看百零數如何。若零生百，人必還物。若零克泄百數，其人必不還矣。無百又看千

數，若有泄體之數，亦是得物之人，又為失物之所。無泄體之數，只以會為方道，又以會為失物之數目，零為人與方向數目，如九數在零，必是九人，可於相去九里路上尋之。卻又於會數看是何人品，百零俱空，人物皆無，零受克，其人受制，動不得。如占失馬得乾，終可見。

詞訟

凡告狀，遇元空，或元克體，體克元，皆不利，必不準，準亦發下。若零又克體，決不可為，為必大禍。元數生體，一告即準。

元為官，最宜生體。會為吏，不可克身。未興詞宜世運皆空，已成訟喜我強彼弱。汝我衝鬥，多費才力。彼此相刑，定有罪名。數有貴人宜尋分，會空或克莫求人。元克世他遭刑限，官生運我得便宜。木土克運而身必羈囚，金水侵體則下必足刑。我旺日方可畢事，官墓時才可出監。有萬數事必經由於臺院，無萬策歸結只在本衙門。火安靜詳必批允，離官克定是駁詳。

體旺自己勝終不凶，體弱他人強終不吉。互生體必得理，體生互損財，變生體得志。無克者貴人順，有克者官事凶。坤乾乃束修，巽離文書。比和則歸一，戰克必終凶。坎離會而難和，坤艮同則易散。震巽克體君遭責，巽體離泄作流徒。克應不吉，見兌而柳鎖臨身，應爻臨身有兌而刀刃絕命，逢吉則救，受生不妨。欲知何日何時，看其互上互下。

零生體有所得，零泄體有所失。凡運與元會比和，或相合，已有人在官府。零與元會比和，或相合，他有親故在官府。又如已經官，零空則其事已斷絕，未經官，零空者則他必凶禍，或無結果。

百克則吏人欺詐，千克則官屬不和。以正卦變卦分人策我策，三八為棒杖，二七為文書，四九乃貨財，五十乃田土。克出事散，生入事將和。欲知惹事之原，惟察成卦之數。乾因金穀，坤乃田產，艮巽乃山林，震兌因口舌。巽交易，離文書。奇偶順則易安，陰陽戰而難止。上生下則事終本縣，下生上則訟經上司。

問疾

凡命與體皆要生旺有氣，不宜衰絕。若命體相合及有氣者，病即退。體旺不怕克，體衰命又衰，再受會世克，死期迫矣。元為本命，會乃醫食，運為病人，世為所病。四柱不宜見空，策數又怕進旺。命克體略吉，身克命必凶。會空不宜醫藥，世進決是病加身，空衣祿盡矣。元絕性命難存。生體者用藥有效，數退者不治自痊。

乾兌肺經有厄，坤艮脾胃遭傷。三八逢沖內傷肝而外肢體，一六遭克下腎災而上眼疾。運弱者待氣旺之日可救，被克者怕損泄之期作殃。體弱而克強十有九死，體旺而克休百無一凶。坎水乃浴屍之神，坤土為埋藏之煞。震巽克體，此是扛屍。離兌克體，焚骨必矣。

土氣盛必死之兆，體氣盛必生之理。艮，止也，極也。有生體者病久乃止。坎，險也，難也。有克體者久困乃危。欲知痊好之日，應在生體之辰。欲知危亡之日，須憑克體之爻。震巽克來不宜服藥，陰卦克入定是鬼神。須看爻詞，亦詳克應，再元受克，病在首，世受傷，病在足。數中互卦端可為憑，少缺癒之兆，多缺死之兆。生入者難求生意，克人者將入死期。克外亦奇，生出亦好。

又零克體，千數不缺尤可。會克體，病即深重。會衰則不妨退數，生身主病退，退數克身，病反加。若命體受傷，數絕必死。若零缺，身命不受傷，無事。

先看上下卦體變象，如子占父病得泰卦，乃父入地下矣。父占長子病得復卦，乃長子已歸地下矣。

人物

體盛乃富人，體用俱盛為富貴人。用生體乃權勢之人，體生用乃貧人。用克體乃賤人，體衰乃閒人。體用皆衰乃下賤人，衰而有克乃廢人。

器物

體盛為貴物，衰乃賤物。用生體乃有用之物，體生用乃無用之物。克體乃廢器。體用皆盛，乃公用之物，或至貴之

物。乾乃貴物，坤乃土中物，震乃移動物，兌乃金玉，並帶
缺有口之物。

虛實

體生用為虛，用生體為實。比和者貴，克體亦虛，體克
則半虛半實。震多虛驚，離多虛信，兌多虛傳，乾坎艮多
實。

憂疑

策缺運空防有禍，數全順旺不須懮（懮同憂）。十零空
缺頃刻災來，零數克身須臾禍至。元空則有終無始，元世俱
空始終無事。元會缺父母有禍，運世缺妻子生災。重戰重克
禍患達臨，多缺多空死亡相繼。內生外者懮損失，外克內者
防小人。

閑居

坎陷，離明，巽順，兌悅。每於早間無事時，欲知自
己，以十為身，看何卦數，以千百零為人事物之應。如占他
人家，則以十其人，又為住基屋宅。以百零為前後左右，看

生合沖克，推詳看有氣無氣，以百為左為後，零為右為前，生合沖克，乃大吉也。

舟次

凡欲行舟，必須決策。元會皆欲帶貴神，會上亦要無空缺。世水宜旺不宜衰，衰則有阻定枯乾。百不可制千，世不可犯運。千克百則主外相安，舟克水則船水相利。

元為千，為主事人，百為俏伴（出使、使者），運為舟，世為水。若千數受克，須知主事人不安。如千為坤艮，俏伴亦屬土，為吉。如舟屬木，世屬水，不宜於金。如會離元坎，不宜見土。元巽決有風濤之陷。元是巽，運是坎，俏伴亦主不安。元會金亦然。會不可克十，十克會不妨。蓋舟能制水。會克十，若非水災，定有小人侵算。不則淺湊阻滯。坎巽數連，必有風波之險。土多水少，則有阻滯之憂。數順比和，無往不利。又以艮坤屬十，會主靜，宜止。乾震元十，會主動，宜行。凡佔先要上下卦體變象動靜，又加占天時數，互推之，觀風雨晦明，如三位克元，切不可動也。卦無生氣，必不可動也。

飲食

凡占飲食，須察動靜。動則有，靜則無。以體之下卦為

我，體之上卦為人。變為客數，互之上乃酒數，互之下乃食物數。體之下為何物，變克體下食之不終，變生體下吉。互克下不得食，他人克己亦難食。上體生下人請己，下體生上己請人。互受生酒不數杯，體受生客不計數。變生互客有遲至，互生變客有先去者。上互為日，下互為時。生體者可食之物，克體者不可近汙穢之物。生體者乃成器之物，生體眾者乃貴物，克體眾者乃賤物，泄體眾者乃廣物。

一六坎水，鹹物、魚、酒、羹、湯、豕、血、耳、海味。二七離火，雉、帶殼、甲中柔物、苦、赤、煎、炒、饅頭、餛飩。三八震巽木，瓜、蔬、菜、樹、果、味酸、色青。四九乾兌金，味辛、形圓、色白、多骨、體堅、數多、馬、羊、江湖，及飛走之物。五十坤艮土，形柔、色黃、少骨、五穀、山藥、羊、鹹、臟。

水一、火二、木三、金四、十五，此造化之理。水潤下作鹹，火炎上作苦，木曲直作酸，金從革作辛，土稼穡作甘，此食物之味，而八卦應之也。又世數盛者容眾，運數缺者主衰。外生內主人宜，內生外賓客利。離巽乃文書之會，攻兌為歌唱之場。數順則佳，數衰不吉。缺千百者始而參差，無十零者不能終席。

總斷

凡占以運為根本，以世為要樞。運宜受別數之生，世宜免上數之克。運黨多而身勢盛，尤恐旺後遭傾。世黨多而體

勢弱，或有生扶反美。陰消忌陽邪之盛，剛長喜柔弱之衰。外克內數多，再見旺而禍必大。若值退而休囚，其災必輕。策策看元會日辰，有扶我扶彼之異。數數分生克沖合，或主吉主凶之殊。據五行向背制化之理，以明吉凶悔吝之機。更加變通，可宜可忌，觸類而伸，數理自盡矣。

策數占驗

丙午七月初六日，有問雨於先生者，說子時。先生即以年月日共作二十數，除二八餘四，為震，上加子時作巽，下得風雷益之卦三爻，原策一百八十，演策九千七百三十二，斷曰：「是月亢旱，待八月寅卯日微有風雨些須，主雷轟而散。」蓋元為天屬乾金，被會世二火克之，當為晴明，故云是月旱，待八月火退，而金生水也。四柱金無水字，豈有大雨？寅卯日取運，三又屬震雷，原卦風雷益，故風吹雷震，雲收雨怠也。

有應選者問於先生，時方冬月，值坎之上六。原策一百六十八，演策一萬一千二百七十四。先生曰：「即宜速行，來年五月丙申日官星照臨，秋赴任，百姓莫不悅服。但三年後，未盡善，然亦不至棄職。」公識之，蓋一而二，二而七，進數無阻。二七離火為印綬旺，午為五月，午運配日得七，為丙申是也。故曰五月丙申日，官星照臨。世為任所，遇四兌，又秋也。以運克之，而駕馭得地，故曰秋赴任。又為民悅之象。七而四，退數也，故曰三年後未善。以上克

下，乃常理也，故不棄職。

客有占宅者，時方二月，值坤之上六。原策一百四十四，演策九千九百五十八。先生曰：「君家有老人乎？」曰：「有。」曰：「此宅好則好矣，亦有外人侵凌乎？」曰：「未。」曰：「在乙丑乙未日晚，防盜賊入室傷人之患。慎之。」蓋元為祖父老人，得乾故知家有老人。世為外人，得巽木乘旺克人宮中，故宅有盜入傷人之患。乙丑乙未，以先天支干乙庚丑未八是也。

六月己未，有買宅者，占得大有之九三，演三千八百六十三策。先生曰：「不可成也。公兄弟私與外人協謀壞事，縱成不利於後。」彼聞言不信，費財成之。自入宅，果內外協謀，不數年，傾家產，悔無及矣。會為兄弟而世為外人，二木相比，協謀之象也。身居坎陷，又日辰克之三八，因而盜我之氣，壞事不淺也。況六三退數，後何所利？

有問疾者，來時先生占值巽之九五，演一萬零七百六十七。斷曰：「不已地下人乎？應在辰日丙申時。」蓋元為本命既空，命已盡矣，豈復生哉！運六世七，病進增也。會世純火煎腎，又干丁丑火土之日，遇巳時，當起純火，更見本重巽生火，泄了運氣，故曰不生。辰日者，運入墓也。丙申時者，取世七也。

正月丙寅日申時，士有求名者，得離之六爻，該一萬二千二百〇〇。身空任絕，先逢順數。斷曰：「此去順而得意，正當及時得東方之官，治軍之職則可，治農之職則不可。至申酉月日宜慎之。」至京果然高第，任東行縣令。至七月酉日止於山驛，夜時分賊劫人殺死，行李皆空，未任而亡。

占訟得同人之六二，演六千七百三十八。斷曰：「此訟主兩家願和而不欲爭辨也。官不怒，吏亦同心。七月丑未日事畢矣。」蓋運三世八，兩木比和，而無刑沖。況卦名同人為和同之象。元為官，生身故不嗔怒。會為吏，受我生是受己財與同心也。或曰：運世皆木，何知吏受己財？尚受他財，亦未可知。蓋會與運皆奇，是為同氣，世偶，何為去受他財也。七月取會數，丑未取運世。木克土之淹滯而自散也。

有人遭官訟，久而不決，求占，遇復之初九爻，得二萬二千〇二十二。此數皆比和，而會數空了，子必與利於吏，而財亦破。然終久有人和勸，不凶。會月既空，決至期人和了。

有中男冒雨而走，作氣不舒之狀，占得坎三爻九千八百六十一。曰：「子宜慎之。此去當有不寧事意，不遑安逸也。家事自此退，宅眷由此散矣。」其人怒而去。不數月，連遭橫事，人離財散，不能成家。乃知九八六一真退數也。離艮乾坎耗散明矣。中間又無救數，莫逃其凶。

邵子易數卷之四

輯易象類說

三聖人取象不同，以今觀之，尚有未備，故復分天文地理人物等為類。首文王卦象，次周公爻象，次孔子《十翼》中《彖傳》《象傳》《說卦傳》所取象，以該之，庶乎不致有遺。朱子嘗謂《易》為卜筮書，而所謂象者，皆是假此眾人共曉之物以形容此事之理，使知所取捨而已。然則《繫辭》所謂以制器者尚其象，特大約言之。況十三卦制器，纖悉畢備，後人無復有所加矣，惟於卜筮之用，全於今未已也。呼！謂象專為制器設者，愚斯之未能信也。

天文類

卦日：豐日中，晉晝日，皆取離象。

雲雨：小畜密雲不雨，雲取互兌，澤之氣上蒸，象不
　　　雨，取互離日而坎伏之象。

爻天：乾五、大有上、大畜上、明夷上、姤五、中孚
　　　上，皆五上為天象。

日：離日昃，豐日中。

月：小畜上九、歸妹六五、中孚六四，皆取月幾望

象。解見《本義》。

雲：小過五密雲，互兌，氣上蒸象。

雨：小畜上既雨，變坎象。睽上九往遇雨，下有互坎
　　象。夬九三獨行遇雨，上取兌澤象。鼎九三方雨，
　　變坎象。小過五不雨，兌上象。

霜：坤初六，初陰象。

斗：豐二四取五上二陰爻，四點象。

沫：豐三沫小星，亦上二陰象。

光：未濟五，離日之光。

天衢：大畜上九，象雲路也。

翼天：乾彖象象說卦下並同。（《繫詞》《說卦》等十項
　　為《十翼》）

雷：震象。

風：巽象。

月：坎象。

雨雲：並同。

日火電：並離象。

天文：賁彖。

地理類<small>四方附</small>

卦西南：坤蹇解指坤方。

東北：坤蹇指艮方。

西郊：小畜兌象。

南征：升離象。

百里：震象，解見《本義》震卦。

野：同人取六二地上之象。

大川：需訟同人蠱大畜益渙中孚解，各見本卦。

濡：未濟坎象。

爻地：夷上坤象。

南：夷三離南方象。

方：坤二直方，坤象。

西山：隨上，西兌象，山伏艮象。

岐山：升四有互兌，取象同西山。

林：屯二取上互艮山，又有震木象。

陵：同二高陵，互巽為高，三爻變艮為陵。震二九
　　陵，象見纂注。漸五本爻變艮象。

丘：頤二指上爻艮象，賁五艮象，渙四互艮象。

谷：困初幽谷，井二溪谷之義，皆取坎之下象。

石：豫二、困三，豫取艮石象，困三隻取爻剛象。

磐：屯漸震艮陽象。

郊：需初以去坎遠取象，同卜取國外曰郊象。

西郊：小過五互兌象。

陸：漸三艮路象。

道：小畜初、履二，道路也。初二為地之象。

荒：泰二指上坤地荒遠處。

遐：泰二取上遠象。

陰：中孚二取下卦之中位柔象。

野：坤上郊外曰野，正上象也。

沙：需二近坎水象。

泥：需三、井初、震四，皆取迫坎水象。

塗：睽上泥也，取互坎象。

干：漸初水涯也，近互坎象。

穴：需四坎下象。

窞：坎初坎穴象。

大川：謙初近互坎，頤五當坎位之中，以艮止，不利
　　　涉。頤上亦以位取，止極而動，故利涉。未濟三
　　　坎體象。

河：泰二互兌澤象。

淵：乾四亦取坎位象。

泉：井五坎象。

冰：坤初陰盛象，指上六。

濡：坎三上承兌澤象，既濟初上互伏象，既上上坎
　　　象，未濟上下互坎象。

浚：恒初兌反體。

翼地：坤象。

剛鹵：兌地為剛鹵。

山徑路小石：皆艮象。

泉水溝瀆：皆坎象。

澤：兌象。

淵：訟彖坎象。

四方：觀復大象省方。

四方：離大象照四方，姤大象誥四方。

歲月日時類

卦八月：臨以一爻為一月，臨二陽長為十二月卦，自
　　　　三爻數起，正月泰，至上為四月，乾而陽長已
　　　　極，於是一陰又生於下為五月，姤六月，遯七
　　　　月，否至八月，觀則四陰長而為八月之卦，亦
　　　　臨之反對也。

七日：復以一爻為一日，自姤一陰生至坤上六，六陰
　　　極為六日，於是一陽來於下，為復之初九，是為
　　　七日來復矣。論陽之消以月言，幸其消之遲。論
　　　陽之長以日言，喜其長之速。此聖人扶陽抑陰之
　　　意。

甲日：蠱先甲三日，後甲三日，解見本卦。

巳日：革巳日乃革，朱《漢上》讀作中己之己，姑備一
　　　說。

爻三歲：同人九三、坎上六、困初六、漸九五、豐上
　　　　六，皆以一爻為一歲數之也。

三年：既濟九三、未濟九四，皆以一爻為一年。

十年：屯六二、復上六、頤六三，皆以坤上成數取
　　　象。頤互體亦坤。

月望：小畜上、歸妹五、中孚四，義見天文下。

三日：明夷初、巽五以一爻為一日。

七日：震二、既濟二象見前。

己日：革。

庚日：巽五，解見本卦。

終日：乾三、豫二以下體離位取。既濟四則以互體離取。

終朝：訟上取下互離象。

夕：乾三取下體之終象。

暮夜：夬二取下體離位之終象。

旬：豐初，解見本卦。

翼時：乾六位時成，時乘六龍，蒙時中，大有應天時行，賁察時變，損益與時行，升柔以時升，艮動靜不失其時，豐與時消息，小過。又自豫隨遁姤旅言時義，坎睽蹇言時用，頤大過解革言時，皆以大矣哉贊之者，凡十二卦。已上皆彖傳。無妄對時，革明時，皆大象。

四時：豫觀蒙革節皆彖傳。

至日：復大象一陽來復，冬至節日也。

曆：革大象治曆明時取離兌，夏秋相繼之象，而治曆也。

向海：隨大象。

人道類

卦王：夬萃豐渙皆王象也。

侯：屯豫皆震象，晉康侯坤象。

大人：訟蹇萃升困巽，自升卦取六五，用見九二之大

人外，餘皆取九五君象。

丈人：師九二象。

后夫：比上六象。

女：家人女正離二象，漸女歸上巽象。

取女：咸取女吉，兌象上六女正，姤勿用取女，巽初
　　六不正。

朋：坤西南得陰之朋，東北喪陰之朋象。復指眾陽之
　　朋漸長而來。

童：蒙艮象。

君子：坤君子有攸往，指占者。否不利君子貞，指三
　　陽。

匪人：否三陰象。

人：艮。

爻王：坤三、訟三、師二、比五、隨上、蠱上、觀
　　四、離上、家五、益二、升四、井二、渙五，皆
　　指九五君象。

天子：大有三指六五。

君：小過二指五。

大君：師上、履上、臨五，皆指五象。

王母：晉二取六五柔象。

國君：復上亦取六五象。

公：大有三本爻，解上指五，益三四本爻，鼎四公餗
　　指公家言，小過五本爻交。

侯：屯初震象，蠱上以卦上泛言不事王侯也。

大人：乾二五大德之君臣，否五本爻，蹇上指九五君

象，革五本爻交。

主：睽二、益三四，皆指五。豐初四指本爻交。

臣：小過二指臣，遯三臣妾，小臣也。

王臣：蹇本爻，王之臣也。

君：歸妹五女君也。

宮人：剝五君位，又群陰之象，故稱宮人。

祖：小過二，解見本爻。

父：蠱初三四五，解見本卦。

考：蠱初同上。

母：蠱。

姒：小過二見本爻。

子：蒙二、蠱初、鼎初、家三，皆指本爻。

小子：隨三指初，漸初本爻。

長子：師五指三。

弟子：師五指三。

女：蒙三、觀二、歸上本爻。

女子：屯二本爻。

夫：蒙三指二，小畜二指四，漸三本爻。

丈夫：隨二三皆指四。

士夫：大過五本爻。

元夫：睽四指初。

老夫：大過二本爻。

夫子：恒五對婦人言，就本爻論。

士：歸上對女言，未成夫婦之稱，指三。

婦：蒙二指五，小畜上本爻位柔言，蒙三指四，漸三

指四，漸五指二，既二本爻。

婦人：恒五對夫子言。

老婦：大過五指上六。

妻：小畜三指四，困三本爻。

女妻：大過二指初。

妹：泰五本卦互，歸妹指互體兌言。

娣：歸初指兌體。

須：歸三賤妾稱，亦指父。

妾：遯三指下二陰，鼎初指本爻。

童：蒙互指艮體，觀初以爻下，亦因上有艮體。

童僕：旅二三童取艮體，僕爻在下也。

人：需上二人指下體，乾睽三本爻，復三損下體本乾三爻，豐上無人本爻，陰虛象。

武人：履三爻陰象，睽初義同。

幽人：履二、歸二，皆兌體居中象。

旅人：旅上只取本爻，稱人。

君子：乾三本爻，屯三泛指筮者，小畜上同。謙初三、觀初五上、剝上、遯四、壯三、夷初、解五、夬三、革上、未濟五，皆指本爻。

小人：師上、否二、大有三、觀初、剝上、遯四、壯三、解五、革上、既三，各解見本爻也。

匪人：比上指三。

惡人：睽初指四。

朋：泰二指下三陽，豫四指五陰為朋蓋簪，咸四指陽類，蹇五指九三，解四指九二。

友：損三指上。

賓：觀四指本爻為五之賓，以君臣言。姤二指九四，
以內外言。

客：需上指下三陽。

虞：屯三有互艮山而無應，故象無虞。中孚初前有山
澤又有應，故象虞吉。

史巫：巽二取兌為口舌象。

群：渙四謂散其三陰之群。

眾：晉三坤為眾象。

宗：同二、睽五皆取應爻。

仇：鼎三我仇指初。

主人：夷初指四。

寇：屯二、蒙上、需三、賁四、睽上、解三、漸三
卦，皆有坎象。

婚媾：屯二四、賁四、睽上取爻皆有應象，震上無
應，故婚媾有言。

翼王：師象指六五，坎象指九五。

天位：需象位乎天位指五。

帝位：履象指五。

尊位：大有象柔得尊位。

先王：大象稱先王者凡七，比豫觀噬復無妄渙，泛指
以易之先王也。

后：大象稱后者二，泰姤，泛指以易之后也。復卦又
稱后不省方。

君：否初志在君指五。

上：大象稱上者一，剝，泛指君上也。

大人：大象稱大人者一，離，泛指以易之大人也。

君子：大象稱君子者，自乾坤屯蒙需訟師小畜履否同
　　　人有謙隨蠱臨賁大畜頤大過坎咸恒遯壯晉明夷家
　　　人睽蹇解損益夬萃升困井革鼎震艮漸歸妹豐旅巽
　　　兌節中孚小過既濟未濟凡五十三卦，泛指以易之
　　　君子言也。

聖人：豫觀頤咸恒鼎象亦指五君言。

公：坎象二象。

諸侯：此大象建國諸侯皆坤象。

嚴君父母父子兄弟夫婦男女：並家人象傳。

二女：睽革指離兌象。

朋友：兌大象君子以朋友講習。

人文：賁象指君臣父子兄弟夫婦朋友。

聖賢：鼎象大亨以養聖賢。

賢：大畜象養賢。

君子：泰內君子，否外君子，同人君子正，謙君子之
　　　終，剝尚消息盈虛，因而不失其所亨，其唯君子
　　　乎，並象傳。

小人：泰外小人，否內小人。遯象遠小人。

民：師象民從，豫民服，頤及萬民，益民說，兌民
　　　勸，節不害民，師象容民，履定民志，泰左右民，
　　　蠱振民，臨保民，觀觀民，井勞民，屯初得民，謙
　　　三萬民服，剝上民載，姤四遠民，多取初爻或陰爻
　　　象。

眾：師象眾正，蹇得眾，師象畜眾，明夷蒞眾，多取
　　坤為眾象。

人心：咸象聖人感人心而天下和平。

人：謙象人道惡盈而好謙，革兌順乎天而應乎人，歸
　　妹人之終始，豐況於人乎，咸虛受人，多以卦體取
　　象。

族：同人象類族辨物，人物各有族類。

俗：漸居賢德善俗，指人之風俗言。

商旅：復象。

百姓：下繫。

身體類

卦口：頤自求口實，卦下動上止，取全體象。

心：坎維心亨，取一陽在中象。

背：艮艮其背，取一陽隆於卦體之上象。

身：艮艮其身，以全體取象。

告：蒙初筮告，自二至上有頤口象。夬孚號，告自
　　邑，上有兌口象。

號：夬孚號，兌口象。

笑言：震初至四互頤口，又取震有聲象。

言：閑有言，兌口象，不信，坎在下象。

盥：觀互艮手，巽潔象。

行：坎互震，艮亦互震，震為足象。

爻首：乾用九、比上、離上、明夷三、既濟上、未濟
　　　上，皆取上象。

頂：大過上象。

面：革上象。

頄：夬三頄面頰間骨（顴骨）。

頤：頤初朵頤，蒙全體象。

輔：咸上艮五輔頰車也。

頰：咸上面頰。

舌：咸上皆以兌口取象，艮輔以居一身之上象。

耳：噬上取下有坎象，鼎三五三變則三五皆坎體。

目：小畜二前互離目象。

鼻：筮二互艮象。

鬚：賁二，三至上頤體，鬚附頤象。

涕：離五萃上，離出涕目出也。

洟：萃上六齎諮涕洟未安上也。洟取兌澤下流之貌。

泣：屯上坎水象，孚三兌澤象。

右肱：豐三。

心：夷四、益五上、井三、艮二三、旅四象各見本爻。

左腹：夷四坤為腹象。

限：艮三身分限處，艮全體取身象。

夤：艮三夾脊肉，亦全體取象。

臀：夬四、姤三、困初象見本爻交。

股：咸三下體互巽。

左股：夷三下體象。

腓：咸二、艮二下體取象。

拇：咸初、解四指初取初下象。

趾：噬初、賁初、大壯初、夬初、鼎初、艮初只取初
　　下象。

足：剝初、鼎四指初，亦取下象。雖是床鼎，足在下
　　體一也。

身：艮四全體取身象。

躬：蒙三艮震上躬亦身也。

膚：噬二、剝四、渙五、夬四、姤四，膚，身之皮
　　膚，又膚肉也。

血：坤上、需四、小畜四，歸妹上指三，渙上指三，
　　屯上多以攻取，或只以陰爻取。

汗：渙五，身之所出，詳見本文。

膏：屯五、鼎三各見本爻。

思：咸四、渙四。

憂：臨三既憂無咎。

疑：豫四勿疑，豐二往得疑疾。

愁：晉二。

慍：夬三。

喜：否上、無妄五、損四、兌四。

惕：乾三、小畜四、夬二。

勿恤：泰三、晉五、家人五，自思以下皆心之用。

見：乾二五、蒙三、睽初三上、蹇上、姤初、困三、
　　謙二三四多離象。

視：履二震上歸二。

盱：豫三。

窺：觀二、豐上。

覘：困初、豐上，自見以下皆目之用。

眇：履三歸初。

眚：無妄上、復上二者目之病。

言：需二、訟初、震初、艮五、漸初、明夷初、夬
四、革三。

告：益四五。

問：益五。

鳴：謙二五、豫初。

號：夬三上、萃初、渙五、旅上。

笑：萃初、震初、同五、旅上。

嗟：離三、萃三、節三。

戚嗟：離五。

賷咨：萃上。

歌：離三、乎三。

號咷：同五、旅上，啼呼也。自言以下皆口之用，多
兌象。

擊：蒙上、益上。

卸：蒙上。

繫：否五、無妄三、姤初。

繫：隨二三上、坎上、遯三，以繫用徽纆，觀之則與
或繫之牛義同，不知何以分兩字。

執：師五、咸三、遯二。

握：萃初，自擊以下皆手之用，多艮象。

行：無妄上行有眚，明夷初主人有言，損三損一人，

　　夬三獨行遇雨，夬四、姤三其行次且，鼎三其行
　　塞，震三震行無眚。

徒：賁初捨車而徒。

征：小畜上征凶，泰初征吉之類甚多，並見占類。

往：屯三往吝，四往吉之類亦多，並見占類。自行以
　　下皆足之用，象各見本爻交。

跛：履三、歸初，足之病也，象見本爻。

災：復上迷復有災眚，無妄三邑人之災，旅初瑣瑣取
　　災，小過上是謂災眚，災只患難之意。

疾：豫五貞疾，恒不死，無妄五勿藥有喜，遯三有疾
　　厲，損四損其疾，使遄有喜，豐疑疾，有孚發若，
　　吉，鼎二我執有疾，不我能即，吉，兌四介疾有
　　喜，蓋有身則有疾，然卦中不專指疾病，亦取有為
　　爻之害者，象各見本爻。

翼首：象乾首出庶物，說卦乾為首。

髮：說卦巽為寡髮。

顙：說卦巽為廣顙。

耳：象鼎巽而耳目聰明，說卦坎為耳，又為耳痛。

目：象見上，說卦離為目。

眼：說卦巽為白眼。

口：象困尚口乃窮，說卦兌為口。

舌：說卦兌為舌。

手：說卦艮為手。

指：說卦艮又為指。

心：象復見天地心，咸感人心，小象泰四中心願，謙

二中心得，說卦坎為心病，又為加憂。

腹：說卦坤為腹。

大腹：離為大腹。

股：說卦巽為股。

足：說卦震為足。

自強不息：法乾象力行。

厚德載物：法坤象任重。

果行育德：法蒙象。

以懿文德：法小畜象。

多識前言往行以畜德：法大畜象。

非禮勿履：法大壯象。

自昭明德：法晉象。

反身修德：法蹇象。

順德積小以高大：法升象。

朋友講習：法兌象。

儉德辟難：法否象。

謹言語節飲食：法頤象。

獨立不懼獨世無悶：法大過象。

言有物而行有桓：法家人象。

懲忿窒欲：法損象。

遷善改過：法益象。

致命遂志：法困象。

恐懼修省：法震象。

思不出其位：法艮象，有身體則有德行道義。以上大象
　　　　　　皆立身行己之大法也。

古人類

爻高宗：既濟三、未濟四。

帝乙：泰五、歸五。

箕子：明夷五。

翼伏羲神農黃帝堯舜：繫辭下。

湯武：革彖傳。

紂：繫辭下。

文王：明夷彖、繫辭下。

箕子：明夷彖。

邑國類

卦邑：夬告自邑，井改邑。

爻邑：泰上、謙上、晉上、升三。

邑人：訟二、比五、無妄三。

國：師上、謙上、觀四、益四。

大國：未濟四。

家：師上承家，損上得臣無家。

城隍：泰上邑國，多坤土象。

巷：睽二。

井：井。

翼萬國：乾彖傳，比象建萬國。

四國：明夷上象。

守國：坎彖。

邦：否彖無邦。

正邦：蹇漸彖。

關：復大象至日閉關。

市：繫辭下神農，日中為市，說卦巽為近利市三倍。

宮室類

卦：家人，家，室家也，大畜不家食吉。

庭：艮行其庭，夬揚於工庭。

爻廬：剝上全體取象。

屋：豐上豐其屋。

家：蒙二子克家，家人四富家，五王假有家，豐蔀其
　　家。

宮：困三入於其宮。

棟：大過三棟橈，四棟隆吉。

桷：漸四。

牖：坎四。

戶：豐上。

戶庭：節初不出戶庭，無咎。

門：同人初、隨初。

門庭：明夷四、節初。

階：升五升階。

墉：同人四升其墉，解上高墉，指四。

藩：大壯三四，上震為藩象。

鄰：小畜五、泰四、謙五皆稱以其鄰，震上於其鄰，
　　既濟五東鄰西鄰，象各見本爻。

翼宮室棟宇：繫辭下蓋取諸大壯。

重門擊析：同人取諸豫。

門：繫辭上乾坤易之門。

戶：同上，闔戶謂坤，辟戶謂乾。

階：同上，論節初亂之所生，言語為階。

門闕閽寺：說卦艮象。

宅：剝大象厚下安宅。

宗廟類

卦廟：萃王假有廟，以聚祖考之精神，卦自初至四有
　　　艮象。渙王假有廟，亦以收精神之散，卦自三至
　　　五有艮象。

翼立廟：渙大象先王以亨於帝立廟。

宗廟：震彖出可以守宗廟社稷，以為祭主。

社稷：同上。

神鬼類

爻帝：益二王用享於帝，吉。帝，天神也。

鬼：睽上，載鬼一車，坎象。

翼上帝：鼎彖聖人亨以享上帝。

薦上帝：豫大象先王作樂崇德，殷薦之上帝。

鬼神：乾文言大人者與鬼神合其吉凶，謙彖鬼神害盈
　　　而福謙，豐彖而況於鬼神乎，繫辭上精氣為物，
　　　遊魂為變，是故知鬼神之情狀。

神道：觀天之神道。

神：繫辭上陰陽不測之謂神，知變化之道者，知神之
　　所為，酬酢佑神，說卦神也者，妙萬物而為言。

鬼：繫辭人謀鬼謀。

祖考：豫大象先王作樂崇德，殷薦之上帝，以配祖考。

祭祀類

卦盥而不薦有孚顒若：觀象見本卦，大抵以誠為主也。

用大牲吉：萃大牲，坤牛兌羊象。

二簋可用亨：損象見本卦，二簋之用，損之時焉而已。

爻亨帝：益二王用亨於帝，吉。

禴祭：萃二、升二皆云孚乃利用禴。

禴祭：既五東鄰殺牛不如西鄰禴祭。

亨：隨王用亨於西山，升四王用亨於岐山，《本義》皆
　　作亨。

亨祀：困二利用亨祀。

祭祀：困五利用祭祀。

翼薦上帝配祖考：豫大象先王以作樂崇德，殷薦之上
帝，以配祖考。

孝亨：萃彖王假有廟，致孝亨也。

祭主：見上宗廟。

田園類

爻田：乾二。

菑畬：無妄二。

耕獲：同上。

囿：賁五。

穀果類桑附

爻碩果：剝上。

瓜：姤五。

包桑：否五。

翼百穀：離彖。

百果：解彖。

酒食類

卦匕鬯：震匕舉鼎實，匕芬芳條暢，酒也。

食：大畜不家食。

爻樽酒簋：坎四樽以盛酒，簋以盛食。

飲酒：未濟上飲酒濡首。

酒食：需五需於酒食，困五困於酒食。

食：訟三食舊德，泰三於食有福，井五寒泉食，訟井
　　坎象，泰互兌象。

飲食：漸二飲食衎衎。

不食：剝上碩果不食，夷初三日不食，井初井泥不
　　食，鼎三雉膏不食，象各見本爻。

饋：蒙中饋食也。

臘肉：噬三。

乾胏：四。

乾肉：五已上噬嗑卦有坎象離雉，離火干之象。

餗：鼎四餗鼎食雉膏之屬，離象。

翼飲食：需大象君子以飲食宴樂。

飲食之道：序卦蒙物稚不可不養，故受之以需，需也
　　　　者，飲食之道也。

食：離卦噬嗑食也。

卜筮類

卦初筮：蒙。

原筮：比象各見本卦。

爻占：革未佔有孚，象爻特發卜筮之例而已。六十四
　　　卦無非占筮也。

不習：坤二，徐氏曰卜不習，吉之謂也。

翼大衍之數五十其用四十有九分二掛一揲四歸奇於扐再
扐而後卦：此揲著用卦扐之策，分陰陽老少以定爻而成卦
　　　也。

乾策二百一十六坤策百四十四凡三百有六十二篇之策萬
有一千五百二十：此用過揲之策，總計上下經六十四卦所得
　　　之策數也。詳見《本義》上繫第九章。

觀變玩占：第一章。

卜筮尚占：第十章。

開物成務通志定業斷疑著德圓神卦德方知爻易首聖人洗
心退藏吉凶與民同患興神物以前民用聖人以此齋戒神明其德
定吉凶成亹亹莫大著龜：並上繫第十一章。

聖人作易幽贊神明生著：說卦首章夫子說著筮如此，謂
　　　易非尚占之書，吾不信也。

佑命類

爻有命：否四有命無咎。

祉：同上，疇離祉。

天佑：大有上。

翼天休命：大有大象。

天命：無妄彖。

凝命：鼎大象，一作疑命令。

告命類

爻命：師二王三錫命，上大君有命。

告命：泰上自邑告命。

改命：革四有孚改命。

誡：比五邑人不誡，吉。

大號：渙五渙汗其大號。

譽命：旅五。

翼凝命：鼎大象命，或作天命。

申命：巽大象。

命詰：姤後以施命詰四方。

命亂：泰上小象。

爵祿類

卦建侯：屯豫皆取侯震象。

爻官：隨初亦取震侯象。

爵：中孚二我有好爵，吾與爾靡之，卦亦有互震象。

翼祿：否大象不可榮以祿。

建萬國親諸侯：比大象。

車輿類

爻車：賁初捨車而徒，睽上載鬼一車。

金車：困四困於金車。

大車：大有二大車以載，乾為圜象。

輿：師三五或輿屍，小畜三輿說輻，剝上君子得輿，大畜二輿說輹，三日閑輿衛，大壯四壯於大輿之輹，睽三見輿曳，皆是取一陰在一陽之上，又有乾坎體，獨剝指坤為輿。

輻：小畜三說輻。

輹：大壯四大輿之輹，大畜二說輹。輹，車下縛。項平庵謂輹可說，輻不可說，亦當作輹，皆乾象。

輪：既初、未二皆曳其輪，坎象。

衛：大畜三輿衛，武衛也。輻輹輿衛，項氏說，象詳見本爻。

翼輿：說卦坤為輿，坎於輿也，為多眚。

輪：說卦坎為輪。

簪服類

爻簪：豫四朋盍簪，一陽貫眾陰象。

朱紱：困二。

赤紱：困五，象見本爻。

衣袽：既四三陽為乾衣象，陽皆散處，又有敝袽之象。

袂：歸五三陽乾衣也，中二爻陰陽互袂象。

黃裳：坤五黃中色，裳下服，坤象。

圭：益三圭，玉為之，三陽乾為玉，又全體似圭，互艮手，持圭象。

鞶帶：訟上指三，三在卦互中離牛，有鞶帶象。

囊：坤四中空象。

履：噬初卦下象。

翼衣裳：繫辭下黃帝、堯、舜垂衣裳而治，取諸乾坤。

旌旗類

爻沛：豐三，鄭雲旌生旗旗之垂者，義亦為施。

訟獄類

卦訟：伏羲。

獄：噬利用獄，二陽在上，下坎居中間，象又一陽居
　　中，囚象。

爻桎梏：蒙初坎象，坎亦木也。

校：噬初上，蒙本卦刑獄取象。

微纆：坎上，獄中索名。

律：師初，坎為法律象。

天：睽三天當作面，剃鬚也，有坎兌象。

劓：睽三、坎五皆取卦有坎象。劓，截鼻也。又兌毀
　　折象。

刖：困五下坎象。刖，足刑。

刑人：蒙初坎象。

刑劇：鼎四，《周禮》劇，誅。見本爻。

翼刑罰：豫彖刑罰清而民服。

明罰敕法：噬大象。

明政無敢折獄：賁大象。

赦過宥罪：解大象。

折獄致刑：豐大象。

明慎用刑而不留獄：旅大象。

議獄緩死：中孚大象。

正法：蒙初小象。

兵師類

卦師：伏羲。

戎：夬兵戎兌金象。

爻師律：師初坎象。

左次：師四爻位皆陰象。

大師：同五全體伏師卦。

行師：謙上，二至上互師卦，復上坤眾象。又全體似
　　　　師，下不成坎體，故用師大敗。

征：謙上征邑國，坤眾象。

伐：謙五侵伐，亦坤眾象，晉上伐邑，離戈兵象，既
　　　　三、未四伐鬼方，皆離為戈兵象。

狩：夷三南狩，亦離象。

戎：同三伏戎，離象。夬二有戎，上爻兌金象。

翼容民畜眾：師大象，古者寓兵於農之意。

除戎器戒不虞：萃大象。

田獵類

爻田有禽：師五。

田無禽：恒四。

田獲三狐：解二。

田獲三品：巽四。

三驅失前禽：比五，田象凡五，釋象詳見師五爻下。

金寶類

爻金：蒙三金夫，噬四金矢，五黃金，姤初金柅，鼎
　　　　五金鉉，困四金車，其象各見本爻。

玉：鼎上玉鉉。

貝：震二取初至四互離，龜貝之象。

資：旅二懷資，巽上喪資，象見本爻交。

翼金：說卦乾為金，繫辭上斷金。

玉：說卦乾為玉。

財：節彖不傷財。

布：說卦坤為布。項氏曰，古者泉貨為布。

幣帛類

爻帛：賁五束帛，荀九家有坤為帛，如是則卦中四爻
　　　　三陰為帛，一陽間之，束也。

繻：既濟四繻，帛之美者，亦三陰象。

器用類

卦鼎：伏羲。

匕：震舉鼎實。

簋：損二簋。

繘：井繩也。

瓶：井。

爻床：剝初二四，巽二上，皆以全體取象，見本爻。

枕：坎三互震，本象。

樽：坎四酒器，坎亦木象。

簋：坎四簋，盛黍稷，互震竹為之象。

筐：歸上筐，盛幣帛，亦取震竹象。

柅：姤初金柅，止車物，或謂絡絲之趺，以金為之，
　　亦取巽木之象。

黹：睽二婦人藏中之飾，離為帷，有縕黹之象。

金鉉：鼎五。

玉鉉：鼎上皆取上九一陽在上象。

缶：比初瓦器，坤上坎水，伏離火象。坎四、離二皆
　　取水火土象。三陰爻，坤土也。詳見本爻。

甕：井二亦瓦器，坎水離火，亦有三陰坤土象。

幕：井上井口問有勿幕象。

斧：旅四離戈兵象，巽上亦互離象。

鼓：孚三互震，聲象。

弧：睽上下互坎象。

矢：噬四、旅五、解二，象見本爻交。

翼網罟：繫辭下佃漁之器，取離象。

耜來：耕耨之器，取益象。

舟楫：濟用之器，取渙象。

柝：擊柝待暴客，取豫象。

杵臼：舂器，取小過象。

弧矢：威天下之器，取睽象。

棺槨：取大過象，並下繫。

樞機：繫辭上，君子行行象。

釜：說卦坤為釜，所以熟物。

柄：坤為柄，執持之器。

均：坤為均，陶均之器。

繩：說卦巽為繩。

弓：說卦坎為弓。

甲冑戈兵：說卦離為甲冑戈兵。

數目類

卦：再三（蒙）。三接（晉）。七日（復）。八月（臨）。
百里（震）。三日（蠱）。二簋（損）。

爻：一人（損三）。一握（萃初）。三人（損三）。三褫
（訟上）。三就（革三）。三年（既三、未四）。三
歲（同上、坎上、困初、漸五、豐上）。三驅（比
五）。三錫（師二）。三品（巽四）。三孤（解三）。
七日（震二、既三）。九陵（震二）。十年（屯二、
復上、頤三）。十朋（損五、益二）。三百戶（訟
二）。象各見本爻。

翼：一（天）。二（地）。三（天）。四（地）。五（天）。
六（地）。七（天）。八（地）。九（天）。十（地）

（繫辭上）四十五（洛書之數）。五十五（河圖之數）。五十（大衍之數）。四十九（揲蓍之數）。十三（老陽掛扐之數）。十七（少陰掛扐之數）。二十一（少陽掛扐之數）。二十五（老陰過揲之數）。三十六（老陽過揲之數）。三十二（少陰過揲之數）。二十八（少陽過揲之數）。二十四（老陰過揲之數）。二百一十六（乾六爻，老陽之策數）。百四十有四（坤六爻，老陰策數）。三百六十（乾坤老少過揲之全策）。萬有一千五百二十（上下經陰陽老少過揲全策數也）。

五色類

爻黃：坤五黃裳，噬五黃金，離五黃離。

玄黃：坤上。

白：賁四白馬之白，賁大過初白茅。

翼大赤：說卦乾為大赤。

玄黃：震為玄黃。

白：巽為白，為白眼。

赤：坎為赤。

黑：坤於地也為黑。

禽獸類

卦飛鳥：小過。

馬：坤牝馬，晉錫馬。

牛：離牝牛。

虎：履虎尾。

狐：未濟小狐。

爻飛鳥：小過初上。

鳥：旅上。

禽：師五、比五、井初。

鶴：中孚二。

翰音：中孚上，《記》雞曰翰音，或謂羽翰之音。

燕：中孚初安也，或作燕雀之燕。

飛垂翼：明夷初。

雉：鼎三、旅五。

鴻：漸。

羽：漸上即指鴻羽言。

隼：解上。

馬：屯二四上、賁四、大畜三、夷二、睽四、渙初、
　　中孚四。

牛：無妄三、中孚四、睽三、旅上。

童牛：大畜六四。

黃牛：遯二、革初。

羊：大壯三四上羝羊，五喪羊，夬四牽羊，歸妹上刲
　　羊。

莧：夬五或作山羊。

豕：睽上、姤初只取交陰象。

豕牙：大畜五豶豕之牙。

虎：履四、頤四、革五。

豹：革上。

鹿：屯三，虞翻、王肅作鹿，但象無取譏備。

角：壯三羊角，晉上，姤上但取上象。

尾：遯初只稱尾，既初未初狐尾。

翼良馬老馬脊馬駁馬：說卦乾象。

馬善鳴馵足作足的顙：震馬象。

馬美脊亟心下首薄蹄：坎馬象。

牛子母牛：坤牛象。

豕：坎豕象。

狗：艮象。

羊：兌象。

雞：巽為雞。

雉：離為雉。

黔喙：艮象，已上並說卦。

鱗介類

卦豚魚：中孚，吳氏作江豚魚，巽象。

爻龍：乾初潛，二見，四躍，五飛，上亢，坤上龍
　　　戰，雌龍象。

龜：頤初、損五、益二。

魚：剝五、姤二四。

鮒：井二。

鼫鼠：晉四。

翼龍：說卦震象，繫辭下龍蛇之蟄。

蛇：同上。

鱉蟹蠃蚌龜：離象。

鼠：艮象，並說下。

尺蠖：下繫。

邵子易數卷之五

草木類

爻茅：泰初、否初、大過初。

莽：同人三互巽象。

藥：無妄互有震巽草木象。

枯楊：大過二五。

稊華：同上。

莧陸：夬五，象見本爻。

杞：姤五。

株木：困初。

木：漸四。

機：渙二木名，見本爻。

叢棘：坎上。

蒺藜：困二。

葛藟：困上。

蔀：豐二四，草茂也，震巽象。

翼木：益象。

草木：離象、解象、坤文言。

蘭：繫辭上。

雜類

卦小大：泰否陽大陰小，小過可小事，不可大事。

往來：泰否復解井卦中陰陽往來之象。

上下：小過卦體上下之象。

先後：坤先迷後得，蠱先甲後甲。

出入：復一陽昔出今來之象。

初終：既濟初吉終亂。

爻小大：屯五小貞吉，大貞凶，否二小人吉，大人否，
　　　　凶。

往來：咸四憧憧往來，蹇初三四上，震五震往來歷。

先後：否上先否後喜，同人先號咷而後笑，旅上先笑
　　　　後號咷，睽上先張之弧，後說之弧，巽五先庚三
　　　　日，後庚三日。

左右：師左次，夷二左股，四左腹，豐三左肱。

內外：比二比之自內，四外比之，貞吉。

得失：晉五失得勿恤。

初終：睽三無初有終。

進退：觀三觀我生進退，巽初進退。

虛實：升四虛邑，鼎二有實。

來之：坎六三。

爾我：頤初舍爾觀我，孚二我爵爾靡。

甘苦：臨甘臨，節五甘節，上苦節。

出入：需四出自穴，上入於穴。

嘉：隨五、遯五、離上。

休：復二休復，否五休否。

章：坤三、姤五含章，豐五來章。

譽：坤四過五無譽，蠱用譽，豐五慶譽，旅譽命。

渝：訟四、豫上、隨初。

包：蒙二、泰二、否二三五、姤二四五。

敦：臨上、復上、艮上。

牽：小畜二、夬四。

攣：小畜五、孚五。

冥：豫上，升上。

迷：復上。

頻：復三、巽三。

占類說

易有象則有占。象者，像卦爻之形，象以示人。占者，斷卦爻之吉凶以示人也，卦有兼該象占者，如坤元亨利貞是占，牝馬西南東北是象。亦多有有占而無象者，如乾元亨利貞，大有元亨，鼎元吉亨是也。卦即象矣。爻亦有兼該。象占者，如乾初九潛龍是象，勿用是占是也。又如坤初六履霜堅冰至是象，雖不言占，然謹微之意已可見於象中矣。坤六二直方大，不習無不利是占。雖不言象，然六二二爻純陰，全地道之中正，則是象矣。他皆放此。卦爻之占，吉凶固是一定，然文王於乾首開利貞之教，便有若不貞，則不利之意在其間。周公於需上六不速之客來，吉凶未可知，而曰敬之

終吉。孔子於需九三致寇至矣，而曰敬慎不敗。此又是有變化轉移之道。三聖人之教蓋同一心也。大抵卦爻言吉者，占者有其德則吉，無其德則不吉，卦爻言凶者，占者德不足則凶，德足以勝之則反吉。朱子《本義》發明是說，極為明白。今作占類，以見其凡例。卦例重在元亨利貞吉凶無咎，悔厲眚各一言之（無妄有眚，夬有厲，革悔亡）。爻例重再元亨利吉凶悔吝無咎厲災眚十二者增多卦，災吝二占而已。今詳具於下。

卦占類

元亨利貞（乾坤屯隨無妄臨革）。元亨（大有）。元亨利涉大川（蠱）。元亨，南征吉（升）。元吉亨（鼎）。元吉，可貞，利有攸往（損）。

亨：小畜履謙坎豐震。

亨利：噬亨，利用獄。復亨，利有攸往。賁亨，小利有攸往。

亨利貞：蒙同人亨，利涉大川，利君子貞。恆亨，利貞，利有攸往。兌渙亨，利涉大川，利貞。遯亨，小利貞。

亨利貞吉：咸亨利貞，取女吉。萃亨利貞，用大牲吉。小過亨利貞，不宜上，宜下，大吉。

亨小利貞吉：既濟亨小，利貞，初吉終亂。

亨無攸利：未濟亨，小狐汔濟，濡其尾，無攸利。

亨貞吉利：需光亨貞吉，利涉大川。

亨貞吉無咎：困亨貞，大人吉無咎。

亨不可貞：節亨，苦節不可貞。

小利亨：巽小亨，利有攸往。

小亨貞吉：旅小亨，旅貞吉。

利：豫利建侯行師。益利有攸往，利涉大川。

利用獄：噬嗑。

利亨：大過利有攸往，亨。

貞：大壯利貞。

利艱貞：明夷。

利女貞：：家人。

利貞吉：大畜利貞，不家食吉，利涉大川。蹇利西南，
　　　　不利東北，利見大人，貞吉。

利貞亨吉：離利貞亨。畜牝牛吉。

利吉：解利西南，有攸往，夙吉。

不利：剝不利有攸往。

不利貞：否不利君子貞

貞吉：師貞大人吉，無咎。頤貞吉。

吉元永貞：比吉，原筮，元永貞。

吉亨：泰小往大來，吉亨。

吉利貞：漸女歸吉，利貞。渙亨，利涉大川，利貞。

中吉終凶：訟。

小事吉：睽。

凶：比后夫因，臨有凶，非羸其瓶凶，歸妹征凶，無
　　攸利。

無咎：師比隨恒困艮。

悔亡：革。

有厲：夬。

有眚：無妄。

爻占類

元吉：坤五黃裳元吉，訟五訟元吉，履上其旋元吉，泰
五以祉元吉，復初無祇悔元吉，大畜四童牛之牿
元吉，離二黃離元吉，損五元吉自上佑也，益初
元吉無咎，五勿問元吉，井上有孚元吉，渙四渙
其群元吉。

元永貞：萃五元永貞悔亡。

亨：否二大人否亨，大畜上何天之衢亨，節四安節亨。

利見大人：乾二五。

利貞：夷五、損三、鼎五。

利永貞：坤用六、艮初。

利居貞：屯初、隨三。

利建侯：屯初。

利御寇：蒙上、漸二。

利執言：師五。

利女貞：觀二。

利艱貞：噬四。

利有攸往：無妄二、大畜三、損上。

利涉大川：頤上九、未濟三。

利于不息之貞：升上。

利出否：鼎初。

利幽人之貞：歸妹二。

利武之人貞：巽初。

利用刑人：蒙初。

利用恒：需初。

利用侵伐：謙五。

利用行師：謙上。

利用賓于王：觀四。

利用為大作：益初。

利用為依遷國：益四。

利用禴：萃二、升二。

利用祭祀：困五。

利用享祀：困二。

無不利：坤二、屯四、大有上、謙四五、臨二、剝五、
　　　　大過二、遯上、晉五、解上六、巽九五。

無不利：蒙三、臨三、無妄上、頤三、恒初、壯上、萃
　　　　三、歸妹上。

不利為寇：蒙上。

不利賓：姤二。

不利涉大川。

女子貞：屯二。

可貞：屯二、無妄四。

不可貞：蠱二。

不可疾貞：夷三。

艱貞：泰三。

恒其德貞：恒五。

得童僕貞：旅二。

貞吉：屯五小貞吉，需五、比二四、履二、否初、謙
二、豫二、隨初、臨初、咸四、恒五、遯五、大
壯二四、晉初二、家人二、解二、損上、姤初、
升五、未濟二四五。

安貞吉：訟四。

居貞吉：頤五、革上。

永貞吉：賁三、益二。

貞吉亨：否初。

貞凶：屯五大貞凶，師五、隨四、頤三、恒初、巽
上、節上、中孚上。

貞厲：訟三、小畜上、履五、噬五、大壯三、晉四、
革三、旅三。

貞吝：泰上、恒三、晉上、解三。

吉：蒙五、比五、小畜二、否二五、同人四、大有
五、謙初、隨五、臨五、復二、大畜五、頤四、大
過四、離五、恒五、遯三四、夷二、家人五、睽
上、益二、革四、鼎二、震初、艮上、漸二五、歸
妹五、豐二四五、巽五、兌初二、渙初、節五、未
濟五。

大吉：家人四、革四、升初、鼎上。

居吉：咸二。

往吉：屯四、無妄初、晉五。

征吉：泰初、困上、革二、歸初。

厲吉：頤上。

中吉：師二。

終吉：需二上、訟初三、履四、謙二、蠱初、賁五、
　　　家人上、鼎三。

艱則吉：大壯上。

有它吉：比五。

貞吉，安貞吉，居貞吉，永貞吉，貞吉亨。

凶：師初三、比上、履三、豫初、噬上、剝四、復
　　上、頤初、大過三、坎初上、離三、咸二、恒五
　　上、益上、姤四、困二、鼎四、漸三、豐上、旅
　　上、兌二、節二、小過初三上。

有凶：夬三。

見凶：姤初。

起凶：姤四。

征凶：小畜上、頤二、大壯初、損二、困二、革三
　　　上、震上。

蔑貞凶：剝初二。

終有凶：夬上。

悔：豫三、困上。

有悔：乾上、復三、因上。

小有悔：蠱三。

虧悔：鼎三。

無悔：同上、復五、咸五、壯五、渙三、夬五。

無祇悔：復初。

悔亡：咸四、恒二、壯四、晉三五、家初二、睽初
　　　五、夬四、萃五、艮五、巽四五、兌二、渙九
　　　二。

悔厲吉。

吝：蒙四、同二、觀初、困四、巽三、未初。

小吝：噬三、萃三。

終吝：家人三。

往吝：屯三、蒙初、咸二。

往見吝：蠱四。

有它吝：大過四。

吝終吉：賁五。

貞吝：泰三、恒三、晉上、解三。

無咎：乾三厲無咎，四或躍在淵無咎。坤四括囊無
　　　咎。需初利用恒無咎。師二吉無咎，四左次無
　　　咎，五執言無咎。比初比之無咎。小畜血去惕出
　　　無咎。履初素履往無咎。泰三艱貞無咎。否四有
　　　命無咎。同人同人於門無咎。大有初無交害，匪
　　　咎，艱則無咎，二有攸往無咎，四匪其彭無咎。
　　　豫上有渝無咎。蠱初有子考無咎，三小有悔無大
　　　咎。臨三既憂之無咎，四上吉無咎。觀初小人無
　　　咎，五君子無咎，上同。噬初滅趾無咎，二滅鼻
　　　無咎，三小吝無咎，五貞厲無咎。賁上白賁無
　　　咎。剝三剝之無咎。復三厲無咎。無妄四可貞無
　　　咎。頤四其欲逐逐無咎。大過初藉用白茅無咎，

五老婦士夫無咎，上滅頂凶無咎。坎四終無咎，五既平無咎。離初敬之無咎，上獲匪其醜無咎。晉初裕無咎，上厲吉無咎。睽初見惡人無咎，二遇主無咎，四厲無咎。解初六無咎。損初遄往無咎，四有喜無咎，上益之無咎。益初元吉無咎，三益用凶事無咎。夬三有慍無咎，五三往無咎，四大吉無咎，五有位無咎，上涕洟無咎。升二用禴無咎，四吉無咎。困二征凶無咎。井四井甃無咎。革二征吉無咎。鼎初以其子無咎。震上於其鄰無咎。艮初艮其趾無咎。漸初有言無替，四得其桷無咎。豐初雖旬無咎，二折肱無咎。巽二吉無咎。渙五渙王居無咎，上逖出無咎。節初不出無咎，三不節則嗟無咎。中孚馬匹亡無咎，五有孚攣如無咎。小過二遇臣無咎，四無咎。既濟初曳輪濡尾無咎。未濟上飲酒無咎。

何咎：隨四道明何咎。睽五厥宗噬膚何咎。

為咎：夬初往不勝為咎。

匪咎：大有初無交害匪咎。

無大咎：蠱三小有悔無大咎。

厲：乾三、蠱初、復三、遯初三、既濟上。

悔厲吉：家人三。

厲吉：頤上、晉上。

厲終吉：蠱初。

貞厲：見貞類下。

往厲：小過四。

有厲：大畜初。

厲無咎，厲無大咎。

災眚：小過上。

災：無妄三、旅初。

無眚：訟二、震三。

有災眚：復上。

卦爻道德例

卦利貞：乾元亨利貞。

安貞吉：坤即此二者為例，貞雖是占，其實訓正道，
　　　　貞則利，不貞則不利，安貞則吉，不安貞則不
　　　　吉。如無妄元亨利貞，其匪正有眚，義昭然
　　　　矣。此文王因占寓正道之教。

道：復反覆其道。

有孚：需訟觀坎損。

孚：夬孚號，革乃孚。

爻道：小畜初復自道，履二履道坦坦，隨四有孚在道。

德：訟三舊德，小畜上尚德，恒三不恒其德，五恒其
　　德，益五惠我德。

敬：需上敬之終吉，離初敬之無咎。

知：臨五知臨。

允：晉三眾允悔亡。升初允升大吉。

有孚：比初、小畜四五、隨四、大壯初、家人上、解

五、益三五、萃初、井上、革三四五、豐二、中
孚五、未濟五上。

孚：泰三四、大有五、隨五、解四、姤初、孚二五、
升二、兌二五。道德等類非是取象陰陽交，皆通稱
也。

即命：訟四命正理也。

翼道性命：彖乾道變化，各正性命。

性情：文言乾利貞者性情也。

誠：乾九二言閑邪存其誠。

敬：坤六二言敬以直內。

仁：乾九二言仁以行之。

義：坤六二言義以方外。

德：敬義立而德不孤，以上並文言。

太極：繫辭上太極乃極至之理，此又指道德性命之根源
以示人也。十翼言道德類不一，難以悉書，不道
德以為占，非小人盜賊所能用審也。

卜筮類

愚既分象占二類，又觀朱子答東萊先生有曰，《易》中
如利用祭祀、利用享祀，只是卜祭則吉。田獲三品，只是卜
田則吉。公用享於天子，只是卜朝覲則吉。利建侯，只是卜
立君則吉。利用為依遷國，只是卜遷國則吉。利用侵伐，只
是卜侵伐則吉之類。推之於事，此類不一，亦欲私識其說，

與朋友訂之，而未能也（又襲蓋卿錄，易本為卜筮設，如曰利涉大川，是利於行舟也。利有攸往，是利於啟行也，大率如此。又鄭可學錄，如利涉大川，或是渡江，而推類方通，則各隨其事）。按此是又合象占為一類。蓋在易為象，在人則為事，且如利涉大川，涉川本只是象，人則真有涉川之事，利與不利則是占。今隨卦爻中所指定事處類之，合象占為一例，以便觀覽。且成朱子欲識其說，與朋友共訂之遺意也。

君道_{天子}

掛比：吉，原筮元永貞，無咎。

豐：亨，王假之，勿憂，宜日中。筮處豐亨之道。

渙：亨，王假有廟。筮假廟。

萃：亨，王假有廟，用大牲吉。筮假廟致亨。

屯：元亨利貞，利建侯。筮立君。

豫：利建侯行師。筮立君用兵。

晉：康侯用錫馬蕃庶，晝日三接。筮受朝覲。

師：貞，丈人吉，無咎。

夬：揚於王庭，孚號有厲，告自邑不利。

井：改邑不改井。筮改邑。

爻乾：九五飛龍在天，利見大人。筮即位。

比：九五顯比，王用三驅，失前禽。

家人：九五王假有家，吉，王者納后吉。

渙：九五渙汗其大號，渙王居，無咎。

屯：初九磐桓利居貞，利建侯。筮建侯。

益：上九得臣無家。筮用人。

益：六二王用享於帝，吉。筮祭天。

隨：上六王用享於西山。筮祭山。

升：六四王用享於岐山。筮祭山。

晉：六二受茲介福，於其王母。王者筮享先妣。

離：上九王用出征，有嘉折首，獲匪其醜。

既濟：高宗伐鬼方，三年克之。筮征伐。

師：上六大君有命，開國承家，小人勿用。筮賞戰功。

泰：六五帝乙歸妹，以祉元吉。筮嫁妹。

歸妹：六五帝乙歸妹，占同上。

剝：六五貫魚以宮人寵，無不利。筮宮人。

遯：九三畜臣妾吉。

臣道

爻坤：六三或從王事，無成有終。筮從王事。

訟：六三或從王事，無成，用上不吉。

大有：九二公用享於天子，小人弗克。筮朝覲。

益：六三有孚中行，告公用圭。筮告公。

益：六四中行告公從，利用為依遷國。筮告公遷國。

蹇：六二王臣蹇蹇，匪躬之故。大臣當國難。

鼎：六四鼎折足，覆公餗（鼎中的食物），其刑渥，

凶，大臣不吉之占。

訟獄

卦訟：有孚，窒惕，中吉，終凶。筮公訟。

噬嗑：亨，利用獄。筮用獄。

爻訟：初六不永所事，小有言，終吉。筮訟吉。

訟：九二不克訟，歸逋邑，無眚。

訟：九四復即命渝，安貞吉。筮訟貞吉。

訟：上九或錫鞶帶終朝。

蒙：初六利用刑人，用說桎梏，以往吝。

噬：初九履校滅趾，無咎。

噬嗑：上九何校滅耳，凶。

坎：上六繫用徽纆，寘於叢棘，三歲不得，凶。

睽：六三其人天且劓，無初有終。

兵師田附

卦師：貞，丈人吉。已見君道類。

夬：不利即戎。

爻師：初六師出以律，否臧凶。筮師以律吉。

師：九二在師中吉無咎，王三錫命。筮師吉。

師：六三師或輿屍，凶。筮師敗凶。

師：六四師左次。筮行師。

泰：上六勿用師，自邑告命。

同人：九二伏戎於莽，升其高陵，三歲不興。

同人：九五先號咷後笑，大師克相遇。筮師克。

謙：六五利用侵伐。

謙：上六利用行師征邑國。筮師利。

復：上六行師大敗，國君凶。筮行師凶。

晉：上九維用伐邑，厲吉無咎。

明夷：九三明夷於南狩，得其大首。

夬：九二莫夜有戎，勿恤吉。

未濟：九四震用伐鬼方，三年有賞於大國。

履：六三武人為於大君。筮將帥。

巽：初六利武人之貞。

屯：六三即鹿無虞，入於林中，往吝。筮田不吉。

師：六五田有禽，利執言，無咎。筮田吉。

恒：九四田無禽。

解：九二田獲三狐，得黃矢，貞吉。

巽：六四田獲三品。

家宅 妾附

卦家人：利女貞。

大過：棟橈。

爻蠱：初六干父蠱，考無咎，厲終吉。

蠱：九二干母蠱，不可貞。

蠱：九三干父之蠱，無大咎。

蠱：六四裕父蠱，往吝。

蠱：六五干父之蠱，用譽。

家人：初九閑有家，悔亡。

家人：六二無攸遂，在中饋，貞吉。

家人：九三嗃嗃，悔厲吉，婦子嘻嘻，終吝。

家人：六四富家大吉。

家人：上九有孚威如，終吉。

小畜：九三夫妻反目。

恒：六五恒其德貞，婦人吉，夫子凶。

困：六三入於其宮，不見其妻，凶。

漸：九三夫征不復，婦孕不育，凶。

漸：九五婦三歲不孕，終莫之勝，吉。

既濟：六二婦喪其茀，勿逐，七日得。

大過：九三棟橈凶。

大過：九四棟隆吉，筮宅吉。

豐：上六豐屋，蔀家，窺戶，無大凶。

鼎：初六得妾子，無咎。筮納妾有子。

遁：九三繫遁，有疾厲，畜臣妾吉，亦納妾吉占。

小畜：小四有孚攣如，富以其鄰。

泰：六四翩翩，不富，以其鄰。

謙：六五不富以其鄰。

震：上六震不於躬，於鄰，無咎。

婚姻

卦咸：亨，利貞，取女吉。

姤：女壯，勿用取女。

漸：女歸吉，利貞。

歸妹：征凶，無攸利。

爻屯：六二女子貞不字，十年乃字。

屯：六四求婚媾，往吉利。

賁：六四匪寇婚媾。

睽：上九匪寇婚媾，遇雨吉。

蒙：九二納婦吉。

蒙：九三勿用取女，不有躬，無攸利。

大過：九二老夫得其女妻，無不利。

大過：九五老婦得其士夫，無咎無譽。

震：上六婚媾有言。

歸妹：上六女承筐無實，士刲羊無血。

師友 _{交朋客附}

卦蒙：亨，童蒙求我，初筮吉，利貞。

爻損：六三三人損一人，行得友。

隨：初九出門交有功。

隨：六二繫小子失丈夫。

隨：六三繫丈夫失小子。

豫：九四勿疑，朋盍簪。

咸：九四憧憧往來，朋從爾思。

蹇：九五大蹇朋來。

解：九四解而拇，朋至斯孚。

需：上六不速客三人來，敬之吉。

見貴

卦訟：利見大人。

蹇：利見大人。

升：用見大人。

巽：利見大人。

爻乾：九二見龍在田，利見大人。

乾：九五利見大人，見君道類。

蹇：上六往蹇來碩，吉，利見大人。

仕進 隱附，此又附君子小人。

卦大畜：不家食吉。

爻泰：初九拔茅茹，以其彙，征吉。

觀：六三觀我生進退。

觀：六四觀國之光，利用賓于王。

中孚：九二我有好爵，吾與爾靡之。

坤：六四括囊無咎無譽，筮此宜隱。

蠱：上九不事王侯，高尚其事，筮此宜隱。

君子：筮與小人勝負。

卦泰：小往大來，吉亨。

否：不利君子貞，大往小來。

同人：利君子貞。

謙：亨，君子有終。

剝：不利君子之占。

遯：君子以遯而亨之占。

夬：君於去小人之占。

爻否：九四有命無咎，疇離祉，眾君了吉占。

觀：初六小人無咎，君子吝。

觀：九五觀我生，君子無咎。

觀：上九觀其生，君子無咎。

剝：上九君子得輿，小人剝廬。

遯：九四好遯，君子吉，小人否。

明夷：初九君子於行，三日不食。

明夷：六五箕子之明夷，利貞。

睽：初九見惡人無咎。

解：六五君子維有解，吉，有孚於小人。

夬：九三君子獨行遇雨，若濡有慍，無咎。

革：上六君子豹變，小人革面。

未濟：六五君子之光，有孚，吉。

出行

卦坤：君子有攸往，先迷後得，主利，西南得朋，東
　　　北喪朋，安貞吉。

屯：勿用有攸往。

賁：亨，小利有攸往。

剝：不利有攸往。

復：亨，出入無疾，反覆其道，七日來復。

無妄：不利有攸往。

大過：利有攸往。

坎：有孚，維心亨，行有尚。

恒：亨，無咎，利貞，利攸往。

蹇：利西南，不利東北。

解：利西南，有攸往，夙吉。

損：有孚元吉，無咎可貞，利有攸往。

益：利有攸往。

夬：利有攸往。

萃：亨，利有攸往。

升：南征吉。

巽：小亨，利有攸往。

爻屯：六四往吉無不利。

蒙：初六以往吝。

小畜：上九君子征凶。

履：初九素履往無咎。

泰：初九以其彙，征吉。

隨：六三利居貞。

賁：初九捨車而徒。

復：初九不遠復。

復：六四中行獨復。

無妄：初九無妄往吉

無妄：六二則利有攸往。

無妄：六三行人之得。

無妄：上九無妄行有眚，無攸利。

大畜：初九有厲利已。

大畜：九三利有攸往。

大畜：上九何天之衢，亨。

頤：六二征凶。

咸：六二咸其腓，凶，居吉。

咸：九三咸其股，執其隨，往存。

遯：初六勿用有攸往。

大壯：初九壯於趾，征凶。

晉：六五往吉無不利。

明夷：初九有攸往，主人有言。

明夷：六二用拯馬壯，吉。筮避患吉。

明夷：六四於出門庭。

睽：六四往何咎。

睽：上九往遇雨則吉。

蹇：初六往蹇，三四上同。

損：初九遄往無咎。

損：六三三人行則損一人。

損：上九利有攸往。

夬：初九往不勝為咎。

夬：九四臀無膚，其行次且。

夬：九五中行無咎。

姤：初六有攸往見凶。

姤：九三其行次且，厲，無大咎。

萃：初六往無咎。

萃：六三往無咎，小吝。

困：九二征凶。

困：上六征吉。

革：六二征吉，無咎。

革：九三征凶，貞厲。

革：上六征凶，居貞吉。

鼎：九三其行塞。

震：六三震行無眚。

震：九四震遂泥。

震：六四震往來厲。

震：上六征凶。

艮：初六艮其趾。

艮：六二艮其腓。

艮：六四艮其身。

漸：九三夫征不復。

歸妹：初九征吉。

豐：初九往有尚。

豐：六二往得疑疾。

巽：初六進退。

渙：初六用拯馬壯，吉。筮濟渙。

節：初九不出戶庭，無咎。

節：九二不出門庭，凶。

節：九五往有尚。

小過：九四往厲必戒，勿用永貞。

未濟：六三征凶。

舟車

卦需：有孚，利涉大川。

訟：窒惕，不利涉大川。

同人：於野亨，利涉大川。

蠱：元亨，利涉大川。

大畜：利涉大川。

益：利涉大川。

渙：利涉大川，利貞。

中孚：利涉大川，利貞。

爻謙：初六用涉大川吉。

頤：六五不可涉大川。

頤：上九利涉大川。

未濟：征凶，利涉大川。

大有：九二大車以載。

大畜：九三與說輹。

大畜：九二與說輹。

大壯：九四壯於大輿之輹。

困：九四困於金車，吝。

既濟：初九曳其輪，無咎。

未濟：九二與其輪，貞吉。

旅客

卦旅：小亨，小貞，吉。

爻旅：初六旅瑣瑣，斯其所取災。

旅：六二旅即次，懷其資，得童僕貞。

旅：九三旅焚其次，喪其童僕，貞厲。

旅：九四旅於處，得其資斧，我心不快。

旅：上九旅人先笑後號咷，喪牛於易，凶。

酒食

卦頤：貞吉，自求口實。

大畜：不家食吉。

爻需：九五需於酒食，貞吉。

噬嗑：六三噬臘肉，遇毒，小吝無咎。

噬嗑：九四噬乾胏，得金矢，利艱貞吉。

噬嗑：六五筮乾肉，得黃金，貞厲無咎。

困：九二困於酒食。

鼎：九三雉膏不食。

疾病

爻豫：六五貞疾，恒不死。

無妄：九五無妄之疾，勿藥有喜。

遯：九三有疾厲。

損：六四損其疾，使遄有喜，無咎。

鼎：九二我仇有疾，不我能即，吉。

豐：六二往得疑疾，有孚發若，吉。

兌：九四商兌未寧，介疾有喜。

豫之上六、升之上六皆無生氣。

祭祀

卦觀：盥而不薦，有孚顒若。

損：有孚，曷之用，二簋可用享。

爻萃：六二孚乃利用禴。

升：九二孚乃利用禴，無咎。

困：九二利用享祀。

困：九五利用祭祀。

既濟：九五東鄰殺牛，不如西鄰之禴祭，實受其福。

疇雨

卦小畜：亨，密雲不雨，自我西郊。

爻小畜：上九既雨既處。

睽：上九往遇雨則吉。

鼎：九三方雨虧悔，終吉。

小過：九五密雲不雨，自我西郊。

寇盜

爻蒙：上九不利為寇，利御寇。

需：九三需於泥，致寇至。

解：六三負且乘，致寇至。

漸：九三利御寇。

畜類

卦坤：元亨，利牝馬之貞。

晉：錫馬蕃庶。

離：畜牝牛吉。

爻屯：六二乘馬班如，四上同。

賁：六四白馬翰如。

大畜：九三良馬逐。

明夷：六二用拯馬壯，渙初六同。

睽：初九喪馬勿逐，自復。

中孚：六四馬匹亡，無咎。

無妄：六三或繫牛，行人得，邑人災。

大畜：六四童牛之牿，元吉。

遯：六二執之用黃牛之革。

睽：六三其牛掣。

革：初九鞏用黃牛之革。

旅：上九旅人先笑後號咷，喪牛於易。

大壯：九三底羊觸藩，羸其角。

大壯：六五喪羊於易。

大壯：上六羝觸藩，不能退，不能遂。

夬：九四牽羊悔亡。

歸妹：上六士刲羊，無血。

大畜：六五豶豕之牙，吉。

睽：上九見豕負塗。

姤：初六羸豕孚蹢躅。

卜筮合象占為一說

　　昔者聖人用易以明，民托之卜筮，然所得之辭，或有懸隔者。如問婚而得田獵，問祭祀而得涉川，問此答彼，闊然不相對，豈有遷就迂誕而用之者哉！若是則卦爻之辭，皆贅言矣。傳曰其言曲而中，其事肆而隱。因貳以濟民行，以明

失得之報。又曰明於天之道，而察於民之故，是興神物，以前民用。又曰探賾索隱，鉤深致遠，以定天下之吉凶，成天下之亹亹者，莫大乎蓍龜。故繫辭焉所以告也，定之以吉凶所以斷也。今占筮所得之辭乃不應合，而在於遷就用之，則奈何哉！蓋嘗思之易以卜筮設教，古人之卜筮最重，非有大事不疑不卜也。其見於書者，虞有傳禪之筮，周有征伐之卜而已。故《洪範》曰：汝則有大疑，謀及乃心，謀及卿士，謀及庶人，謀及卜筮，而從逆之間，人謀先之，卜筮次焉。

蓋誠以事有兩可之疑，而後托之卜筮也。而其占又必誠敬專一，積其求決之真情，至誠以達於神明。故神明感應之誠，亦正告之以利害趨向，而不浪漫也。且易之初，其以六十四卦示人以占之例，亦已廣矣。求君父之道於乾，求臣子之道於坤，婚姻於咸恒漸歸妹，待於需，進於晉，行師於師，爭訟於訟，聚以萃，散於渙，以至退於遯，守於困，安於泰鼎，厄於夷蹇，盈於豐大有，壞於損蠱，家人之在室，旅之在塗，既未濟，損益，大小過，大上畜，得失進退之義。雖卦名之為七十九字，文義明白，條例具足，亦可決矣。此未有文王卦辭之前，已可占而斷者，況又三百八十四爻而示之以變乎？夫人誠有大疑，謀及卜筮，必積其誠意，備其禮物，齋戒專一以占之。大傳曰：是以將有為也，將有行也，問焉而以言。其受命也如響，無有遠近幽深，遂知來物。此占筮必得應合之辭，受命者神明受禧，占者之命辭也如響者，應之端的，而不浪漫以告也。倘有一毫不敬不誠不一之心，則問此而告彼，闊焉不與事相酬答，實神明之所不主而不告者也。又何受命如響之云，曷不即卦辭考之，文王

於蒙耆起其占筮之教矣。其言曰：匪我求童蒙，童蒙求我，初筮告，再三瀆，瀆則不告，利貞。周子曰：筮者叩神也，再三瀆，瀆則不告矣。此文王之所以起其例也。夫占而楪蓍積十有八變，必成一卦，卦必有卦辭，爻必有爻辭，何以言其告不告也？蓋誠意專一而筮，則神之告之卦辭爻辭，應合所問，如占婚姻與咸恒，曰納婦吉，曰勿用取女，曰歸妹征凶，無攸利，占征伐曰利用侵伐，曰在師中吉，曰不利行師，曰勿用師，占田獲獵曰田獲三孤，曰田獲三品，曰即鹿無虞，曰田無禽。若此者，皆所謂告也。若夫卦辭爻辭不應占之事，此則誠意不至，二三之瀆，而所謂不告者也。此即文王之所謂不告也。不然，則得卦爻必有辭以告之，又何以有不告之云夫！誠敬不至則吾心之神明不存，而神明之神亦爽，得不合之辭而猶曰神明之告我也，必有他意，揣摩臆度，遷就曲推，強取以定吉凶，以至狂妄僥倖情辭之念，皆自此生者，古有之矣，是惑之甚也。況世之占者忽略滅裂，褻讀瑣細，不敬尤甚，乃欲以此求神明之指，其所之至於不驗，又安以為卜筮之理不可信，彼豈知夫告不告之道哉！

十應靈樞篇

凡卦以體為內，用為外者，常也。以十應之妙為外者，變也。以內外卦參看，內卦不吉而外吉，可以解其凶，內卦吉而外不吉，有以破其言矣。必內外卦全吉為美，外卦十應之目，詳列於下，成卦之時，隨其所應斷之。

天霽晴明為乾，若乾兌體則比和為吉，坎體則逢生為大吉，坤艮體則泄氣，震巽體逢克而不吉矣。晴霽日中為離，坤艮體吉，乾兌體不吉。雨雪為坎，震巽體則不吉。雷風為震，巽離體則吉，坤艮則體吉。陰雲為坤，霧氣為艮，星月為兌。克體者，天時不順，生體者，天意有待。此天時之應也。

茂林修竹為震巽，離與震巽之體利焉，坤艮之體忌之。江澤川津溪澗為坎水之地，震巽體吉而離體凶。窯灶之所為離，坤艮體吉，乾兌不利。山石之地為艮，乾兌坤艮之體吉，而坎體不宜。公廨為乾，田野為坤，土石磚瓦之所為艮，敗牆敗壁為兌，生吉克凶。此地理之應也。

老人為乾，老婦為坤，艮少男，巽少女，五行生克比和，與前同斷。至於人事紛見，隨吉凶之意以為兆。如問財見錢寶等物，占功名見文書公服，卜婚見圓物魚雁之類，皆吉。此人事之應也。

月令日值五行衰旺之氣，如木旺寅卯月日，火旺巳午月日，體卦忌日辰形克，宜日辰生旺，體卦氣宜旺不宜衰。此時令之應也。

方卦論吉凶者以體為主，看來占之人在何方位，與體卦有無生克。方生體吉，體生方耗氣。體克方吉，方克體不宜，加以參詳。如坎體宜坎位，若震巽之位，則不吉。離居離位，如坤艮乾兌之位，則不吉。蓋本卦之位宜用卦之生，不宜所在之方受用卦之克。若夫器物之卦，所占之方又須審之。如水從地來為坎，卦氣則旺，從坤艮方來，則衰。火從南方為離，則氣旺，北來則衰。餘仿此。蓋本卦氣方為旺，

而受克之方為衰。生體卦氣宜乘旺方，克體卦氣宜在受克之方。夫震巽之方不論乾兌坤艮，坤艮之方不論坎，坎方不論離，離方不論乾兌，乾兌方不論離震巽，以其體卦受方卦之克而無氣也。此方卦之應也。

乾馬，坤生，震龍，巽雞，坎豕，離雉，艮犬，兌羊，又螺蚌之類為禽，魚鹽之類為坎，此動物之象。以體卦參之，其不論卦象者，鴉報災，鵲言喜，鴻雁主音信，蛇蠍防毒害，雞鳴主佳音，馬嘶主喪動。此動物之應也。

靜乃器物之類。有類卦象者，水坎火離，木器乃震巽，金乃乾兌，土為坤艮。與體卦相參詳，有無生克合刑，其不分卦象者，但觀器物之兆。圓者事成，缺者事敗之意。又詳何器物，如筆墨主文書，袍笏主官職，尊俎之具主貴，集枷鎖之具防官災。此靜物之應也。

言語不論卦象，但詳其事緒而為占卜之應。問吉則吉，凶則凶。若叢人鬧市，難以推斷，坐聽人少之處，或言或語，可辨事情。審其所言何事，心領而意會之。如說朝廷可以求名，說商賈貨財可以謀利，講鬼神醫巫主疾病，論州縣江湖主出行，爭訟主官非，喜慶主婚姻。事雖不一，仿此而推，喜笑則吉，喧爭則訟，事機成矣。此言語之應也。

凡耳所聞之聲音，若論卦象，則雷聲為震，風聲為巽，雨聲為坎。若鼓板槌拍之聲出於木者皆為震巽，鐘磬鈴鈸之聲皆出於乾兌。此聲音之卦象，可與體卦參決，其餘悲喜歌怒各以類應。若物之鴉鵲分吉凶，鷹雞主遠信，皆聲音之應也。

五色不論卦象，但以所見之色推五行。青碧綠為木，白

屬金，黑為水，黃為土，紅為火，外卦之五行，應內卦之生克，比和吉而克泄凶。此五色之應也。

左傳筮法皆杜林之本，注一十九條。

陳宣公筮公子完之生（占易要訣，盡在其中）

觀 ☰☰ 否初爻變

莊公二十二年，陳人殺其太子禦寇（宣公殺其太子）。陳公子完奔齊（寇禦寇黨）。齊侯（桓公）使敬仲（完字）為卿，辭，使為工正（掌百工官）。初，懿氏卜妻散仲（懿氏陳大夫）。其妻占之，曰：吉。是謂鳳凰于飛，和鳴鏘鏘（猶夫婦相隨適齊）。有媯之后（媯陳姓），將育於姜（齊姓）。五世其昌，並於正卿。

八世之後，莫之與京。陳厲公，蔡出也（姊妹之子曰出），故蔡人殺五父而立之（五父陳佗）。生敬仲。其少也，周史（周太史）有以《周易》見陳侯者，陳侯使筮之，遇觀之否，曰：是謂觀國之光，利用賓于王。此其代陳有國乎？不在此，其在異國，非此其身，在其子孫（此占必得於春令木旺時也）。光，遠而自他有耀者也。坤土也，巽風也，乾天也。風為天於土上，山也。有山之材，而照之以天光，於是乎居土上，故曰觀國之光。庭實旅百，奉之以玉帛，天地

之美具焉，故曰利用賓于王（四為諸侯，變乾，有國朝王之象。艮為門庭，乾為金玉，坤為布帛，諸侯朝王陳贄帛之象。旅遊也，百物言備）。猶有觀焉，故曰其在後乎（因觀文以博占，故曰猶有觀。非在己之言，故知在子孫）。風行而著於土，故曰其在異國乎。若在異國，必姜姓也。姜，大嶽之後也（姜姓之先為堯四嶽）。山嶽則配天，物莫能兩大。陳衰，此其昌乎（變而象艮，固知當興於大嶽之後）！及陳之初亡也（昭八年楚滅陳），陳桓子始大於齊（桓子敬仲，五世孫陳元字），其後亡也（哀十七年楚復滅陳），成子得政（成子，陳常也，敬仲八世孫。卜筮者，聖人所以定猶豫，決疑似，因生義教者也。書洪範，通龜筮，以同卿士之教。南蒯卜亂而過元吉，惠伯答以忠信則可，藏會卜僭，遂獲其應。丘明故舉諸辭應於行事者，以示來世，而君子志其善者讀者。他自放此）。

　　愚謂貞觀全體夾畫艮三巽五，互體亦艮，今必曰風為天，於土上為山，於天光照山之材，故曰觀國之光。又曰庭實玉帛具天地之美，故曰利用賓于王。如此則是觀因變否有乾天之光，有艮山之材，有坤地之土，又具乾天坤地之美為贄，而後成觀六四一爻之辭，何其謬也！扭合傅會，本不足法，特以其去經最近，取互體甚明，說象無滯礙，為有補焉耳。看來左氏所載占辭，決非盡當時史氏之筆，要皆左氏引而自文之，以故扭合傅會處尤多。

畢萬筮仕於晉

屯䷂比一爻變

閔公元年，晉侯（獻公）作二軍。公將上軍，太子申生將下軍，趙夙御戎，畢萬為右（為公御右也。夙，趙衰兄。畢萬，魏犨祖父）。以滅耿，滅霍，滅魏（三國皆姬姓）。還賜畢萬魏，以為大夫。卜偃（晉掌卜大夫曰：畢萬之後必大。萬，盈數也。魏，大名也。以是始賞，天啟之矣。天子曰兆民，諸侯曰萬民。今名之大，以從盈數，其必有眾。初，畢萬筮世於晉，遇屯之比，辛廖（晉大夫）占之曰：吉。屯固比人，吉孰大焉。其必蕃昌（屯險難，所以為堅固。比親密，所以得入）。震為土（變坤），車從馬（震車，坤馬），足居之（震），兄長之（震長男），母覆之（坤），眾歸之（坤為眾），六體不易（一爻變，六義），合而能固，安而能殺，公侯之卦也（比合屯固，坤安震殺，故曰公侯之卦），公侯之子孫，必復其始（萬，畢公高之後。傳為魏之子孫眾多張本）。

愚按《朱子啟蒙》謂一爻變則以本卦變爻辭占。其下亦引畢萬所筮，以今觀之，未嘗不取之卦，且不特論一爻，兼取貞悔卦體，似可為占者法也。他仿此。

魯桓公筮成季之將生

大有 ☲ 乾一爻變

閔公二年，秋，八月，共仲使卜齮賊公於武闈（宮中小門。愚按共仲，公子慶父，通夫人哀姜，故弒閔公）。成季以僖公適邾。共仲奔莒，乃入，立之（愚謂成季以僖公入立之）。成季之將士也，桓公使卜楚丘（魯掌卜大夫）之父卜之。曰：男也。其名曰友，在公之右（左右言用事）。間於兩社（周社、亳社。兩社之間，朝廷執政所在），為公室輔。季氏亡，則魯不昌。又筮之，遇大有之乾，曰：同復於父，敬如君所（乾為君父，離變乾，見敬與君同）。及生，有文在手曰友，遂以命之。

泰伯代晉卜徒父筮之吉

蠱 ☶ 六爻不變

僖公九年，齊師會秦師，納晉惠公（愚按晉獻公因驪姬之難，太子申生死，公子重耳、夷吾出奔。九年，獻公卒，秦穆公納夷吾，是為惠公）。十五年，初，晉侯之人也，許賂秦伯以河外列城五，既而不與。晉饑，秦輸之粟（十三年），秦饑，晉閉之糴（十四年）。故秦伯伐晉。卜徒父筮之，吉（徒父，秦掌龜卜者。下人用筮，豫所見雜言之）。涉河，侯軍敗，詰之（秦軍涉河，晉侯軍敗。秦伯不解，謂敗在己，故詰）。對曰：乃大吉也，三敗必獲晉君。其卦遇

蠱，日千乘三去，三去之餘，獲其雄狐。夫孤蠱，必其君也（於易利涉大川，亦秦勝晉之卦，今所言，蓋卜筮書雜辭，以狐為君，其義欲以諭晉君，其象則未聞）。蠱之貞，風也。其悔，山也。歲云秋矣，我落其實而取其材，所以克也（秋風落木實，則材為人取）。實落材亡，不敗何待？三敗，及韓（晉軍三敗）。壬戌，戰於韓原（九月十三），秦伯獲晉侯以歸。穆姬（晉獻公女，為秦穆公夫人）曰：晉君朝以入，則婢子夕以死；夕以入，則朝以死，惟君裁之！乃捨諸靈台。許晉侯平。

　　愚按《朱子啟蒙，六爻不變則占本卦彖辭，而以內卦為貞，外卦為悔。今雖不及彖辭，而以貞悔分彼我，亦可以見占法矣。

晉獻公筮嫁伯姬於秦

歸妹 ䷵ 睽一爻變

　　僖公十五年，初，晉獻公筮嫁伯姬於秦，遇歸妹之睽。史蘇（晉卜筮史）占之曰：不吉。其繇曰士刲羊，亦無衁也。女承筐，亦無貺也（上六爻辭。衁，血。貺，賜。上六無應，所求不獲，故下刲無血，上承無實）。西鄰責言，不可償也（嫁女遇不吉之卦，故知有責讓之言不可報償。愚謂西鄰責言兌象，兌在西，為晉之鄰，震變，故不償其言）。歸妹之睽，猶無相也（無相助，愚謂睽故無相助）。震之離，亦離之震，為雷為火，為嬴敗姬，車說其輹，火焚其

旗，不利行師，敗於宗丘（丘猶邑。上六爻在震則無應，故
車說輹。在離則失位，故火焚旗。言失車火之用也。故不利
行師，則不出國，近在宗邑。愚謂震變離為兌澤所勝，兌西
方，故有嬴敗姬之象）。歸妹睽孤，寇張之弧（睽上爻之
辭），侄其從姑（震木離火，火從木生，離為震妹，于火為
姑，謂我侄者，我謂之姑。謂子圉質秦），六年其逋，逃歸
其國，而棄其家（家謂子圉婦懷嬴），明年其死於高梁之墟
（惠公死之明年，文公入，殺懷公於高梁。高梁，晉地。凡
筮者用周易，則其象可推，非此而往，則臨時占者或取於
象，或取於氣，或取於時日王相，以成共占。傅會以爻象，
則構虛而不經，故略言其歸趣）。及惠公在秦，曰：先君若
從史蘇之占，吾不及此夫。韓簡侍曰：龜，象也。筮，數也
也。物生而後有象，象而後有滋，滋而後有數。先君之敗
德，及可數乎？史蘇是占，勿從何益？

　　愚按僖公九年九月，晉獻公卒，公子夷吾許秦穆公重
賂，穆公納之（十月）。是為惠公十年。不與秦賂。十一
年，晉饑，乞糴於秦，秦輸之粟。十四年，秦饑，乞糴於
晉，晉閉之糴。十五年九月，秦伯伐晉，獲晉侯。十一月歸
晉侯。十六年晉太子圉質秦，秦妻之（質秦，應占言侄其從
姑，妻之即懷嬴）。二十二年，子圉逃歸晉（應占言逃歸其
國而棄其家）。二十三年九月，惠公卒，子圉立，是為懷
公。二十四年九月，秦穆公納公子重耳，是為晉文公。二月
壬寅，入晉師，懷公奔高梁。戊申，文公使殺懷公於高梁
（應占言死高梁之墟）。史蘇之占，一何神也！使晉侯踐言
報施，秦師不興，占其能應乎？然史蘇謂嫁伯姬不吉，今乃

以伯姬說身逃難，惠公猶曰先君若從史蘇之占，吾不及此，不自反而咎先君，誤矣夫！

晉文公筮勤王

大有☰睽一爻變

僖公二十四年，冬，甘昭公通於隗氏。王替隗氏。秋，頹叔、桃子奉太叔，以狄師伐周，王出適鄭，處於氾（愚按初，襄王以狄師伐鄭，王德狄，以狄女隗氏為后。甘昭公，王弟子帶也，食邑於甘，河南縣西南有甘水，通於隗氏。王廢后。初，王使大夫頹叔、桃子以狄伐鄭。至是二大夫曰狄其怨我，遂奉大叔，即子帶，以狄伐周，王適鄭，氾在鄭南襄城縣）。太叔以隗氏居於溫。二十五年，春，正月，丙午，秦伯師於河上，將納王。狐偃言於晉侯（文公）曰：求諸侯莫如勤王。使卜偃卜之，曰：吉。遇黃帝戰於阪泉之兆。公曰，吾不堪也。筮之。筮之遇大有之睽，曰：吉。遇公用享於天子之卦（三爻）。戰克而王饗，吉孰大焉。且是卦也，天為澤以當日，天子降心以逆公，不亦可乎（乾變兌以當離，日之在天，垂照在澤，天子在上，說心在下，是降心逆公之象）？大有去睽而復，亦其所也（言去睽卦還論大有，亦有天子降尊之象，乾尊離卑，降尊下卑，亦其義也）。晉侯辭秦師而下。三月甲辰，次於陽樊。右師圍溫，左師逆王。四月丁巳，王入於王城，取太叔於溫，殺之於隰城。戊午，晉侯朝王。王享醴，命之宥（既行享禮而設醴

酒，又加之幣帛，以助歡也，宥，助也）。

王子伯廖引易論鄭公子

豐䷶離一爻變

宣公六年，鄭公子曼滿與王子伯廖語，欲為卿（二子，鄭大夫）。伯廖告人曰：無德而貪，其在周易豐之離（豐上六變純離，易尚變，故雖不筮，必以變言其義。上六曰豐其屋，蔀其家，窺其戶，闃其無人，三歲不覿，凶。義取無德而大，其屋不過三歲必滅亡），弗過之矣（不過三年）。間一年，鄭人殺之。

愚謂言不可不慎也。心動於欲而形於言，見吉凶焉。豈伯廖舉豐上六之辭奇中哉！易之變固已前知之矣。觀此類，其殆所謂易有聖人之道四焉，其一曰以動者尚其變之謂乎！夫所謂動，不特謂我欲動而見諸行事也，見人之善惡是非忽動其心，而必尚易之變以論之，亦是也。吁！易其神矣乎！人心之靈其神矣乎！

晉知莊子引易論先縠之敗

師䷆臨一爻變

宣公十二年，春，楚子（莊王）圍鄭（前年盟長陵而又徵事晉故），克之。入自皇門，至於逵路（塗方九軌曰逵）。

鄭伯肉袒牽羊以逆，王曰：其君能下人，必能信用其民矣。退三十里，許之平。夏，六月，乙卯，晉荀林父救鄭，先縠（巀季）佐之。及河，聞鄭既及楚平，桓子（林父）欲還，巀子不可，以中軍佐濟（佐巀子師渡河）。知莊子曰（荀首，林父弟，時為下軍大夫）：此師殆哉！《周易》有之，在師之臨，曰師出以律，否臧，凶。執事順成為臧，逆為否（巀子逆命不順成，故應不臧之凶），眾散為弱（坎為眾，變兌，兌柔弱），川雍為澤（坎變克），有律以如己也（如，從也。法行則人從法，法敗則法從人。坎為法象，今為眾則散，為川則雍，是失法之用，從人之象）。故曰律。否臧，則律竭也（竭，敗。變坎為兌，是法敗）。盈而以竭，夭且不整，所以凶也（水遇天寒，不得整流，則竭涸也）。不行之謂臨（澤不行之物），有師而不從，臨孰甚焉？此之謂矣（譬巀子違命不可行）。果遇，必敗（遇敵）。巀子屍之（主此禍），雖免而歸，必有大咎（愚按以上《左傳》文）。林父帥師及楚子戰邲（鄭地），晉師敗績（愚引經文一句足其義。傳云丙辰，楚重至於邲，重輕，重則戰在乙卯日），明年，秋，赤狄伐晉，及清，先縠召之也（邲戰不得志，故召秋欲為變）。冬，晉人討邲之敗，與清之師，歸罪先縠而殺之，遂滅其族。

　　愚謂行不可不慎也。心一動而差其所行，凶悔吝已隨之。況兵兇器，戰危事乎？救鄭之師，晉人所不得已也。鄭既及楚平，桓子欲還當矣。巀子乃不可，已昧師左次之訓，乘長子帥師之義，犯弟子輿屍之戒，又況師之臨失律否臧凶，又有如知莊子之所云者乎？其喪師亡身滅宗固其宜矣。

嗚呼！以動者尚其變，知莊子引易，其殆所謂不假卜筮而知吉凶者歟！讀《易》者試思之。

晉厲公筮擊楚子

復 ䷗ 六爻不變

成公十六年，春，楚子（共王）以汝陰之田求成於鄭（鄭成公。汝水之南，近鄭地）。鄭叛晉，從楚子盟於武城。夏，四月，晉侯（厲公）將伐鄭，師起，楚子救鄭。五月，晉楚遇於鄢陵（鄭地）。苗賁皇（賁皇，楚國叔子，宣四年奔晉）言於晉侯曰：楚之良，在其中軍王族而已。請分良以擊其左右，而三軍萃於王卒，必大敗之。公筮之。史曰：吉。其卦遇復，曰南國蹙，射其元王，中厥目（此卜者辭也。復，陽長之卦。陽氣起子，南行推陰，故曰南國蹙也。南國勢蹙，則離受其咎。離為諸侯，又為目。陽氣激而飛矢之象，故曰射共元王，中厥目）。國蹙王傷，不敗何待？公從之。呂錡夢射月，中之（呂錡，魏錡），退入於泥。占之，曰：姬姓日也，異姓月也。必楚王也。退入於泥，亦必死矣。及戰，射共王，中目。王召養由基，與之兩矢，使射呂錡。中頂，伏弢（弓衣）。以一矢覆命。楚子宵遁。晉入楚軍，三日穀（食楚粟三日）。

愚謂此卦占辭與卦象絕不類，注終未的確。意者震坤拱巽離在中間，楚正南國。今有東方震，西南角坤，而無巽離，西南共坤，各得坤一半，坤為國，豈非南國蹙乎？巽為

白眼，離為目，無離無巽，豈非喪目乎？震為蒼筤竹，豈非矢乎？若只就兩體占，貞我悔彼，初九元吉，上六迷復凶，有災眚，用行師，終有大敗，以其國君凶，坤西南即南國也。震木克坤，上射之義也。國君即元王也。有災眚，眚為目疾，即中厥目之象也。亦可以旁通矣。

魯穆姜筮往東宮

艮　隨 五爻變　宜觀艮二爻隨二爻，足矣。

襄公九年，穆姜薨於東宮（太子宮。穆姜淫僑如，欲廢成公，故徙東宮，愚按姜成公母）。始往筮之，遇艮之八（《周禮》太卜掌三易，雜用連山、歸藏二易，皆以七八占，故言遇艮之八。愚按成公十六年，穆姜往東宮筮）。史曰：是謂艮之隨（史疑古易過八卦不利，故更以周易占變爻得隨卦而論之），隨，其出也（史謂隨非閉固之卦）。君必速出。姜曰：亡！是于周易曰，隨，元亨利貞，無咎（易筮皆以變者占，遇一爻變，義異，則論象，故姜亦以象占也。史據《周易》，故指言《周易》折之）。元，體之長也。亨，嘉之會也。利，義之和也。貞，事之干也。體仁足以長人，嘉會足以合禮，利物足以和義，貞固足以干事。然故不可誣也，是以雖隨無咎（言不誣四德，乃遇隨無咎）。今我婦人，而與於亂，固在下位（卑於丈夫），而有不仁，不可謂元，不靖國家，不可謂亨，作而害身，不可謂利，棄位而姣（淫之別名），不可謂貞。有四德者，隨而無咎，我皆無之，豈隨

也哉！我則取惡，能無咎乎？必死於此，弗得出矣！

　　愚嘗謂棄位而姣等語，正姜氏所諱，豈肯自播其惡？況其言曰，是于《周易》曰隨元亨利貞，無咎，而繼之以元體之長云云，則夏商所未嘗道，可見此愚所以為左氏本《文言》語作為穆姜之言明矣。一時不假詳審，徑以夫子之言為穆姜之言，後之人反以為夫子引穆姜之言也。詳見本義後疑《文言》，辯姑陳其概於此（按漢上叢說》云：左成公十六年，穆姜往東宮筮之。襄公二十六年，孔子生上距穆姜二十四年，穆姜時雖已誦乾卦文言，然其言與今稍異〔卦日數目錯〕。以今易者之刪改者二，增益者六，則古有是言，孔子文之，為信然矣。此即本義說，備參指）。

鄭太叔引易論楚

復　頤上爻變

　　襄公二十二年，鄭伯使游吉如楚，及漢，楚人還之，曰：宋之盟，君實親辱。今吾子來，寡君謂吾子姑還，吾將使驛奔問諸晉（問鄭君應來否）而以告。子太叔（吉）歸覆命，告子展曰：楚子將死矣！不修其德政，而貪昧於諸侯，以逞其願，欲久，得乎？《周易》有之，在復之頤，曰迷復，凶。其楚子之謂乎？欲復其願（欲鄭伯），而棄其本（不修德），復歸無所，是謂迷復，能無凶乎？君其往也！送葬而歸，以快楚心。楚不幾十年，未能恤諸侯也。吾乃體吾民矣（十二月楚子昭卒）。

崔武子筮娶齊棠公妻

困　大過一爻變

襄公二十五年，春，齊棠公（齊棠邑大夫）之妻，東郭偃之姊也。東郭偃臣崔武子。棠公死，偃御武子以吊，見棠姜而美之，使偃取之。偃曰：男女辨姓，今君出自丁（齊丁公，崔杼祖），臣出自桓，不可（齊桓公偃之祖，同姜姓，不可昏）。武子筮之，遇困之大過。史皆曰吉。示陳文子，文子曰：夫從風（坎中男曰夫，變巽曰從風），風隕，妻不可娶也（風隕物者，變而隕，故妻不可娶），且其繇曰困於石，據於蒺藜，入於其宮，不見其妻，凶（困六三爻辭），困於石，往不濟也（坎水險，石不可動）。據於蒺藜，所恃傷也（坎險，兌傷，天之生物而險者，蒺藜，據之則傷）。人於其宮，不見其妻，凶，無所歸也（卜昏遇困六三，失位無應，則喪其妻，失其所歸也）。崔子曰：嫠也何害？先夫當之矣，遂取之。莊公通焉。夏，五月，弒莊公，立景公，相之，慶封相左（景公杵臼，靈公嬖人子，莊公異母弟。慶封崔黨）。二十七年，初，崔杼生成及強而寡（偏喪曰寡特也）。娶東郭姜，生明。姜以孤入，曰棠無咎（棠公子）。與東郭偃相崔氏。成疾，廢，立明。崔成、崔強殺東郭偃、棠無咎。崔杼怒，見慶封，慶封使盧蒲弊（弊，慶封屬大夫）滅崔氏，殺成與強，而盡俘其家，其妻縊（東郭姜）。弊復命崔子，且御而歸之（為崔子御）。至，則無歸矣，乃縊（終入於其宮，不見其妻，凶）。崔明夜辟諸大墓（開先人冢以藏也）。

愚謂崔杼以一婦人之故，弒其君，滅其家，殺其妻，而喪其身，貪色違筮之禍酷烈如此，悲夫！

秦醫和引易對晉趙孟

蠱

晉侯（平公）求醫於秦，秦伯使醫和視之，曰：疾不可為也。是謂近女室，疾如蠱。非鬼非食，惑以喪志。趙孟曰：何謂蠱？對曰；淫溺惑亂之所生也。於文皿蟲為蠱，在《周易》女惑男風落山謂之蠱（少男悅長女，非匹，故惑。山木得風則落）。皆同物也。趙孟曰；良醫也！厚其禮而歸之。

魯莊公筮叔孫穆子之生

明夷䷣　謙䷎一爻變

昭公四年，初，穆子去叔孫氏，及庚宗，遇婦人，私使為食而宿焉（成十六年，避僑如之難奔齊。庚宗，魯地）。適齊，娶於國氏（齊正卿，姜姓）。生孟丙、仲壬。夢天壓己，弗勝。顧而見人，深目豭喙。號之曰；牛！助於！乃勝之。且而召其徒，無之。且曰：志之。及魯人召之，歸。既立（魯立為卿），庚宗婦人獻雉。問其姓（問有子否），對曰：余子長矣，能奉雉矣（襄二年，豎牛五六歲）。召見，

則所夢也。號曰牛，使為豎（小臣，傳言）。有寵，長使為政。公孫明知叔孫于齊（公孫明，齊大夫子明，與叔孫相親知），歸，未逆國姜，子明取之。故怒，其子長而後逆之。牛僭而殺孟，又僭而逐仲。穆子疾病，牛實饋弗進，叔孫不食，卒（三日絕糧）。牛立昭子，相之（昭子，豹庶子叔孫婼也）。初，穆子之生也，莊叔（穆子父得臣）筮之，遇明夷之謙，以示卜楚丘（小人姓名）曰：是將行（出奔），而歸為子祀，以讒人入，其名曰牛，卒以餒死。明夷，日也（高日，夷傷，日明傷）。日之數十（甲至葵），故有十時，亦當十位。自王以下，其二為公，其三為卿（日中當王，食時當公，平旦為卿，雞鳴為士，人定為輿，黃昏為隸日入為僚，晡時為僕，日昳為台，隅中日出，闕不在第。尊王公：曠其位）。日上其中（王），食日為二（公），旦日為三（即），明夷之謙，明而未融，其當旦乎！故曰為子祀（莊叔，卿也。卜豹為卿，故知為子祀）。日之謙當鳥，故曰明夷於飛。明而未融，故曰垂其翼。象日之動，故曰君子於行。當三在旦，故曰三日不食（旦在三，又非食時，故三日不食），離火也，艮山也。離為火，火焚山，山敗。於人為言（艮為言。愚謂無所本）。敗言為讒（為離焚，故言敗），故曰有攸往，主人有言，言為讒也。純離為牛。世亂讒勝，勝將適離，故曰其名為牛（離焚山則離勝，譬世亂則讒勝。山焚則離獨存，故知名牛。豎牛非牡牛，故不吉）。謙不足（謙退），飛不翔（不遠翔），垂不峻，翼不廣，故曰其為子後乎（不遠翔，故起不遠大）。吾子，亞卿也，抑少不終（旦日，正卿。莊叔父子，世為亞卿，位不足以終盡卦體，

蓋引而致之）。昭子即位，朝其家眾，曰牛禍叔孫氏，殺適立庶，罪莫大焉，必速殺之。牛懼，奔齊。孟、仲之子殺之塞關之外，投其首於寧風（齊地）之棘上。仲尼曰：叔孫昭子之不勞，不可能也（不以立己為己勞）。周任有言曰，為政者不賞私勞，不伐私怨。詩云：有覺德行，四國順之。

　　愚謂此卦占辭亦多傅會，又必兼之卦以論本卦爻辭，亦如前失。

衛孔成子筮立君

屯☳ 比☷ 上不變下一爻變

　　昭公七年，衛襄公夫人姜氏無子（宣姜），嬖人婤姶生孟縶。孔成子夢康叔謂己：立元（成子，衛卿孔烝鉏也。夢時元未生），余使羈之孫圉與史苟相之（羈，烝鉏子。苟，史朝子）。史朝亦夢康叔謂己；余將命而子苟與孔烝鉏之曾孫圉相元。史朝見成子，告之夢，夢協。婤姶生子，名之曰元（在二年）。孟縶之足不良，能行。孔成子以《周易》筮之，曰：尚亨衛國，主其社稷（命蓍之辭）。遇屯，又曰；余尚立縶，元尚克嘉之，遇屯之比，以示史朝。朝曰：元亨，又何疑焉（屯元亨）？成子曰：非長之謂乎？對曰：康叔名之，可謂長矣。孟非人也，將不列於宗，不可謂長。且其繇曰利建侯。嗣吉何建？建非嗣也。二卦皆云（謂再得屯），子其建之。康叔命之，二卦告之。筮襲於夢，武王所用也（《大誓》朕夢協朕卜，襲於休祥。武王辭）。弗從何為？弱

足者居。侯主社稷，臨祭祀，奉民人，事鬼神，從朝會，又焉得居？各以所利，不亦可乎？故孔成子立靈公。

魯南蒯筮以費叛

坤☷ 比☵ 五爻變

昭公十二年，季平子立，不禮於南蒯（蒯，南遺之子，季氏費邑宰）。南蒯欲出季氏，使子仲（公子整）更其位，不克，以費叛如齊。南蒯之將叛也，枚筮之，遇坤之比，曰：黃裳元吉。以為大吉也。示子服惠伯曰：即欲有事，何如？惠伯曰：吾嘗學此矣，忠信之事則可，不然必敗。外強內溫（坎險故強，坤順故溫），忠也。和以率貞（水和土安貞），信也。故曰黃裳元吉。黃，中之色也。裳，下之飾也。元，善之長也。中不忠，不得其色（言非黃）。下不共，不得其飾。事不善，不得其極（失中德）。外內倡和為忠，率事以信為共，供養三德為善，非此三者弗當。且夫易不可以占險，將何事也，且可飾乎？中美能黃，上美為元，下美則裳，參成可筮。猶有闕也，筮雖吉，未也。十三年，費人叛南氏。十四年，司徒老祁、慮癸（二人南蒯，家臣）遂劫南蒯，曰；群臣不忘其君（季氏），將不能畏子矣。何所不逞欲？請送子。南蒯遂奔齊。司徒老祁、慮癸來歸費（歸魯）。

愚按朱文公嘗謂易中都是正吉，不曾有不正吉，都是利正，不曾說利不正。又曰大率《易》為君子設，非小人盜賊

所得竊取而用。又曰《易》中言占者有其德，則其占如是吉，無其德而得其占者，卻是反說。如南蒯得黃裳元吉之占是也。且載其事於坤六五爻而曰此可以見占法矣。學者宜有見於斯。

晉蔡墨引易對魏獻子

五卦一爻變，一卦六爻變

乾　　乾　　乾　　乾　　乾　　坤

姤　　同人　大有　夬　　坤　　剝

昭公二十九年，秋，龍見於絳郊（晉國都）。魏獻子問於蔡墨（墨，晉大夫），曰：吾聞之矣。蟲莫知於龍，以其不生得也，謂之知，信乎？對曰：人實不知，非龍實知。古者畜龍，故國有豢龍氏，有御龍氏。昔有飂叔安（飂，國。叔安，君名），有裔子曰董父，撫（順也）畜龍，以事舜。帝賜之姓曰董，氏曰豢龍（官名）。其後又有劉累，學撫龍於豢龍氏，以事夏孔甲，賜氏曰御龍。龍一雌死，醢以食夏後，既而使求（求致龍），懼而遷於魯縣。龍，水物也。水官棄矣，故龍不生得。不然，《周易》有之，在乾之姤曰潛龍勿用，其同人曰見龍在田，其大有曰飛龍在天，其夬曰亢龍有悔，其曰見群龍無首吉，坤之剝曰龍戰於野，若不朝夕見，誰能物之？

愚按杜氏注曰：今說易者皆以龍喻陽氣。如史墨之言則為皆是真龍。愚謂乾六爻皆陽，且變動不居，故以為六龍之

象，最為的當，豈得為皆是真龍也哉！然而善易者胸次悠然，與易為一，居觀象玩辭，動觀變玩占，乃真見其上下無常、剛柔相易，是亦一真龍而已矣。昧者未足與語此。

史墨舉易對趙簡子

大壯 ䷡ 六爻不變

昭公三十二年十二月，昭公薨於乾侯（乾侯在魏郡斥丘縣，晉境內邑。愚按二十五年，公伐季氏。季平子請罪，弗許，三家遂共伐公。公敗，奔齊，次陽州。二十六年、二十七年居鄆魯地。二十八年次乾侯。二十九年居鄆。三十年、三十一年、三十二年在乾侯薨。在外凡八年）。趙簡子問於史墨曰：季氏出其君，而民服焉，諸侯與之。君死於外而莫之或罪也。對曰：物生有兩，有三，有五，有陪貳，故天有三辰，地有五行，體有左右，各有妃耦（調陪貳），王有公，諸侯有卿，皆有貳也。天生季氏，以貳魯侯，為日久矣。民之服焉，不亦宜乎！魯君世從其失，季氏世修其勤，民忘君矣。雖死於外，其誰矜之？社稷無常奉，君臣無常位，自古以然。故《詩》曰高岸為谷，深谷為陵（小雅）。三后（虞夏商）之姓於今為庶，王所知也。在《易》卦，雷乘乾曰大壯，天之道也（乾為天子，震為諸侯，而在乾上，君臣易位，猶巨大強壯，若天上有雷）。

愚按昭公乾侯之事，與夏王相弒商丘，周厲王崩於彘，皆天地間人道非常之大變也。史墨乃妄引陪貳之說，而謂天

生季氏以貳魯侯（墨引以喻耳，非是季氏也。以一面辭非古人亦謬）。又明言社稷君臣無常，奉無常位，且安引《詩》《易》以對。左氏從而書之，其與《春秋》書公薨乾侯，如青天白日不可掩蔽，以誅季氏不臣之罪者異矣。嗚呼！《春秋》何等時耶？功利之習，壞爛人心，君臣大義，漸滅殆盡，不惟亂臣賊子如三家者放逐其君為不知有君，而惟季氏之服；諸侯不知有君，而惟季氏之與。史墨不知有君而放言無忌，趙簡子不知有君而聽言不辨，左氏亦不知有君而載言不擇。夫豈知陵谷遷改乃地道之變而非常，雷天大壯乃天道之常，初非志變，況易乃崇陽抑陰之書，雷在天上，夫子大象，但取其成四陽壯長之卦，而曰君子以非禮弗履耳。未必如杜氏注所謂君臣易位也。史墨不求其義，妄引以對，可謂誣天矣。天但使季氏貳君，何嘗使季氏逐君哉！如墨言一歸之天道，則公僭王卿僭僕亂臣賊子接跡於世矣。綱常安在？然則《春秋》夫子作也，《易》象夫子翼也，道一而已。請得為《易》大壯，一洗史墨之惡論。

魯陽虎筮救鄭

泰 ䷊　需 ䷄一爻變

哀公九年，夏，朱公伐鄭。秋，晉趙鞅卜救鄭，不吉。陽虎以《周易》筮之，遇泰之需，曰：宋方吉，不可與也（宋，微子後。今卜得帝乙之卦，故謂宋吉，不可與戰）。微子啟，帝乙之元子也。宋、鄭，甥舅也。祉，祿也。若帝

乙之元子歸妹，而有吉祿，我安得吉焉？乃止。

集國語<small>注皆韋昭本注</small>

晉筮立成公

乾☰　否☷☰三爻變

周語，簡王十二年，晉孫談之子周適周，事單襄公（談，晉襄公之孫惠伯談也。周，談之子，晉悼公名。晉自獻公用驪姬譖詛，不畜群公子，故周適周，事單襄公）。襄公有疾，召頃公（襄公子）而告之曰：必善晉周，將得晉國。成公之歸也，吾聞晉之筮也（成公，晉文公庶子黑臀也。歸者，自周歸晉也。趙穿弒靈公，趙盾逆黑臀於周，立之。蓍曰之筮立成公也），遇乾之否，曰配而不終，君三出焉（乾君也，故曰配，配先君也。不終，子孫不終為君也。下變坤，有巨象。三爻，故三也。上乾天子也。五體不變，周天子國也。三爻有三變，故君三出於周）。一既往矣（謂成公往為君）。後之不知，其次必此（次成公而往必周子）。晉仍無道而鮮胄，其將失之矣（仍，數。鮮，寡。胄，后。厲公素行無道，公族後又寡少，將失國也）。必早善晉子，其當之也。頃公許諾。及厲公之亂（謂弒），召周子而立，是為悼公。

晉公子重耳筮得國

屯☷☳　豫☳☷三爻變

晉語，秦伯（穆公）召公子（晉重耳）於楚，楚子（成王）厚幣以送公子於秦。公子親筮之，曰：尚有晉國（命筮之辭）。得貞屯悔豫，皆八也（震在屯為貞，在豫為悔。八謂震兩陰爻，在貞悔皆不動，故曰皆八，謂爻無為也）。筮史占之，皆曰不吉（筮人掌三易，以連山、歸藏占此二卦，皆言不吉。愚按曰皆八，使見用夏商二易）。閉而不通，爻無為也（震動遇坎險阻，則爻無所為也）。司空季子曰：吉。是在《周易》皆利建侯。不有晉國，以輔王室，安能建侯？我命筮曰尚有晉國，告我曰利建侯，得國之務也，吉孰大焉！震車也，坎水也，坤土也，屯厚也，豫樂也。車班內外，順以訓之（班遍也。屯內豫外，皆震，坤順，屯豫皆有坤），泉原以資之（資，財。屯豫皆有艮。坎水在山為泉源，流而不竭），土厚而樂其實（屯豫皆有坤，故厚。豫為樂）。不有晉國，何以當之？震雷也，車也。坎勞也，水也，眾也。主雷與車（內為主雷），而尚水與眾，車有震武（車聲隆，有威武），眾順文也。文武具，厚之至也。故曰屯。其繇曰：元亨利貞，勿用有攸往，利建侯。主震雷，長也，故曰元。眾而順，嘉也。內有震雷，故曰利貞。車上水下，必伯（車動而上，威也。水動而下，順也。有威而眾從，必伯）。小事不濟，壅也。故曰勿用有攸往。一夫之行也（一夫，一索男象，行作足象）。眾順而有武威，故曰利建侯（復述上事）。坤母也，震長男也。母老子強，故曰

豫。其繇曰：利建侯行師。居樂出威之謂也（居樂，母內。出威，震外，居樂，故利建侯。出威，故利行師），得國之卦也。十月，惠公卒。十二月，秦伯納公子。

晉大夫筮公子重耳歸國

泰 ䷊ 六爻不變

晉語，秦伯納公子，及河，董因迎公子於河（因，晉大夫，辛有之後。傳曰辛有之二子，董之晉。故晉有董史）。公問焉，曰：吾其濟乎？對曰；歲在大梁，將集天行。元年始受，實沈之星也（在大梁，謂魯僖公二十三年，歲星在大梁之次也。集成也，行道也。言公將成天道也，公以辰出，晉祖唐叔所以封也。而參入，晉星也。元年謂文公即位之年。魯僖二十四年，歲去大梁，在實沈之次。受於大梁也。自胃七度至畢十一度為大梁，自畢十三度至東井十五度為實沈）。實沈之墟，晉人所居，所以興也（墟，次也。所居，居其年次所主祀也。傳曰高辛氏有季子曰實沈，遷於大夏，主祀參，唐人是因。成王滅唐封叔虞。南有晉水，子燮改為晉侯，故參為晉星）。今君當之，無不濟矣（當星在實沈墟）。君子行也，歲在大火，閼伯之星也，是謂大辰（魯僖五年重耳奔，時歲在大火。大火，大辰也。傳曰高辛氏有子曰閼伯，遷於商丘，祀大火）。辰以成善，后稷是相，唐叔以封（成善，謂辰為農祥，后稷所經緯，以成善道。相，視也。謂視農詳以成農事。封者，謂唐叔封時歲在大火）。瞽

史記曰：嗣續其祖，如穀之滋，必有晉國，臣筮之，得泰之八（乾下坤上，泰。遇泰無動爻無同侯。三至五震為侯。陰爻不動，其數皆八，故云得泰之八，與貞屯悔豫皆八義同。愚謂此用夏商易斷法也）。曰，是謂天地配享，小往大來（陽下陰升，故曰配享。小謂子圉。大謂文公）。今及之矣，何不濟之有？且以辰出而參（愚謂參下當有入字），皆晉祥也，而天之大紀也（所以大紀天時）。濟且秉成，必霸諸侯。子孫賴之，君無懼矣。公子濟河，懷公奔高梁（晉也）。壬寅，公入於晉師。甲辰，秦伯還（送於河而還）。丙午，人於曲沃。丁未，入於絳，即位於武宮。戊中，刺懷於高梁。

邵子易數卷之六

斷易要訣

　　夫易彌綸天地，囊括古今，無微不入，無物不包，用之於占，已亦末矣。然易既云神而明之，存乎其人，則占也者，亦窮神知化之大者也。是以凡占一事，其事之隱顯成敗，在善易者觀之，靡不卓卓然畢露於爻象之間，似無假乎斷也。不假乎斷而曰斷者，特為有志斯道之士啟其心思，廣其識見，以試驗與否也。夫易何假斷也哉！今即試以斷言之。如偶因一事占之，事前先觀象玩辭，精細斷之，詳志於冊，以盡吾之意見。及事後，或驗或不驗，復詳細以思之，直覺此中之義蘊，爻象已盡示之，前之所斷，其遺反多矣，故曰學易無常師，惟占之而自驗之者，即其師也。如此學之，久而自純，其應如響不難矣。然而有說焉，非得其要，則視愚人談夢，相去幾何，吾今也為之試言其要焉。蓋潔淨精微者，易之理也。至其道貫千古，以前民用者，旨惟易簡而已。夫象以觀物，爻以驗事，辭以審吉凶，位以定久暫，此用易之體，非體易而用者也（如太極生兩儀，太極體也，兩儀用也。兩儀生四象，四象用也，兩儀體也。推而至六十四卦三百八十四爻皆如此也）。如專執此以言易，此易之所以不驗也。是何也？體用不明，不可言易，占不知時，不可言易。動爻為用，靜爻為體。以用為主，以體為輔。互觀參

考，則其妙處自躍然於畫中也。惟時亦然。故易於每卦，必
云時用時義時乘者，即其證也。蓋時者，聖人之權，萬事萬
物之盈虛消長也。舍時以占易，則更無從驗之矣，其時維
何？非謂本日之時也，乃四季五行之時也。夫四季五行，迭
運無窮，生旺休囚，屢變有象，以時與動，窮萬事萬物之
理，推萬事萬物之數，大而天地，幽而鬼神，凡在形氣之
中，難逃理數之外，況人與物，又其顯焉者也。然非本邵氏
先天之說，則不能得自然之理，與一定之數。易曰：易簡而
天下之理得矣。正謂此矣。

占驗

凡用元會運世數者皆未載

道光元年七月，瘟疫大行。二十五日清晨，有一老人求
占得遯卦，初爻詞口遯尾厲。予問所占何事，伊曰即問此瘟
疫當如何。予以互變詞象反復觀之，不得其解。其老人曰：
公之所占，無可疑也。是之極矣。因是，予知老人非常人
也，遂求之解，伊曰：善兵者山河草木皆吾之精銳，如僅以
兵為兵，則孤軍之勢危矣。善文者前後左右皆題之材用，如
僅以題為題，則枯腸之搜慘矣。卦亦如之。夫天山遯，中爻
互姤，變同人，其解正未艾也。艮土變離火，艮上生乾金，
為洩氣下受火生，固不為不美。第夫已立秋數日，此離火已
曾生土，洩氣而又克秋金，為犯歲，況位在地爻，土熱時
瘟，不待言矣。艮七離三，離為日，尾字屍頭，毛字千頭，

厲字方在其中，知自今至二十七日，艮之明七，與變離之暗三，此三日瘟疫必重，死者成千累萬。此遁為死，何也？六月遁卦，今七月，遁已無氣，何生之有？至八日稍緩，互姤上天下風，巽五離三，七月小建至八月初二日必有西北風，微雨，以解之。予聞其言，頗似予師，知其必驗。夫占卦與作文無異，理正者氣必足，所言無不中肯矣。伊遂自述所從來而去。及八月二日，雨止風息，往而拜之，其地居民有知之者曰，其人久不在此矣。予撫然，久之乃還（此以詞字與象數斷）。

予妹丈兄德公宜選知府，時二月，伊以為此月可得，求予占之，遇既濟五，爻詞曰：東鄰殺牛，不如西鄰之禴祭，實受其福。先天坎西離東，坎變坤為牛，離為殺，坎為祭祀，坎為可，坤為得，坎為福澤，坤為收受。二月卯月占之則知得必在酉月矣。京都之鄰省，東則山東，西則山西。坎水變坤土，至未月則下卦離火生土，坎水克離，則動必矣。然而既濟互未濟，必不成。至六月，伊果選山東，因親回避，待至八月，始選山西澤州府。皆驗（此卦占時月分斷定，可見易簡之說自不誣也）。

一人在夏至前遣人，不告姓名，僅曰現有缺，不知誰升。求占得升之上六，詞曰：冥升。予曰；惟阝傍王字人升。然不能善其全。伊曰：吾父非此姓名，可升否？予曰：此占最凶，非此姓名者，休言不能升，即外出，必不能返。後五日，有稱那王公者升霸昌道。次日，舊淮關德公來曰：我前遣人來。公曰：阝傍王字，從何說起？予曰；坤為後，爻位高，亦為王字。現夏令火旺，生土為王必矣。左阝同

阜，右阝同邑，皆土宮也。則那字王字不為奇也。後德公隨
圍死於德慶州，那公因公降級，皆驗。次年，那大人子為其
父占得此卦，亦隨圍死（此依詞加時位斷）。

　　吾友鄭公因公外出，其少子死，予往弔之，其女亦病，
幾死，求予占之，得比五，爻詞曰：顯比，王用三驅，失前
禽，邑人不誠，吉。比中爻互剝，時當仲春，木泄水氣，變
重坤二土，制一坎水，幾無命矣。但前已死一子，失前禽
也，此則爻吉必吉，雖危無妨。況為一陽統眾陰而變又吉之
爻也。然非三王姓人來不能救，何也？坎反離，離三也，變
坤，五爻君位，姓王必矣。互剝，五爻又吉，而病又喜剝
也。其人來必在七日內。剝艮象七數。後一王姓薦一王姓醫
生，同來者又姓王。坎為飲食，一服藥即癒，皆驗（依爻位
變互詞斷）。

　　予友龔姓為其姐丈病，求占之，得賁五，爻詞曰；不可
救矣。詞曰，賁於丘園。賁字加土，即墳字。丘園又兆域
也。賁而請之，誰能救之？更可惜者，束帛戔戔，恐斂賻不
辦也。後不數日，亡，果一切不辦，皆驗（此依辭字斷）。

　　予幼學易數，素不好占。嘉慶年間，予恩師翻譯舉人，
姓傅諱安秉，名重當時，學傳後世。及卒之日，時值隆冬，
吾師之弟命予占穴，得未濟四，爻詞曰；震用伐鬼方，三年
有賞於大國。予曰：此穴不堪用，內有屍骨，其數必三，坎
得氣為穴，不得氣為屍骨。今時方冬，水旺，宜為佳穴。但
上卦離火，四爻動上成艮象，中互成震象。艮土克水，震木
泄坎水，離為目為見，勢必至見。此三屍骨也。伊不悅。明
日延悅和尚高弟湖北人王和尚同予往視之，僧曰：此穴甚

佳。一經僧人之目，此穴中必空空一無所有，信之，遂開此穴，遇屍骨三。復問之僧人，彼又曰：屍骨乃汙穢之物，久不入僧人之極淨眼也。其偃口至此，尚何言哉！自此後，尋予求占者日眾，勢竟不能阻矣（此依卦象斷）。

予友鄧公求占月令得離三，爻詞曰：不鼓缶而歌，則大耋之嗟因。予曰：九日內恐喪妻。伊煌然，急回家，妻卻無恙。至六日，病瀉。九日，死。後尚膳正李公占此，九日妻暴卒，蓋離數三，重則六，三三則九矣（此包後世典，依本卦數斷）。

予友人同占考試，翻譯進士，得井三，爻詞曰：王明並受其福。予曰：如雲大人、庚大人作主考，必中。後二人果作主考，皆中。蓋雲布潤也，庚音明也（此依清語斷，可見易無不包也）。

予門人汪姓，伊祖母微疾，伊父與伊叔父弟兄三人為母在書房待醫生。錢嵩求予占之，予曰：吾早占矣。今日雖無甚疾，然十一日後卻恐絲毫指望無有。三人曰：料老太太無妨。予曰：無妨甚妙。至期，清晨遣僕來占。予謂其僕曰：改速回告爾主人，自然明白。說我未初至，及予至，少頃死矣。予前代占得渙卦五爻。渙為精神渙散，變蒙五爻是將轉為童蒙也。巽五數，坎六數，是十一日。占時十一月初三日未時。十一日是十一月十三日，巽納乙庚丑未時日，知至十三日未時則難救矣（此依卦交辭，即所謂易簡者也）。

八專卦犯歲論

凡占犯歲卦，其勢之來也，皆若凶甚，及其去也，亦甚易。《易》曰利用祭祀，或有取耳，然遇癸亥之年月日，與盡頭之月日，多不驗。前哲依利用之利字作為禳法，取生克之理，以合利用。予嘗試之，亦頗有驗。其式詳開於後。

犯歲如春得純金乾兌卦，夏得純水坎卦，秋得純火離卦，冬得純土坤艮卦，四季得純木震巽卦是也。一老婦病幾死，其子求占之，春令得純金乾卦，四爻金克本令之木，是為犯歲。予曰：遇此等卦，禳之可也（六十四卦皆可用九用六，不止乾坤）。勢雖危，或可救。如占乾之用九、坤之用六，剛盡變柔，用九个用上之亢，柔盡變剛，用六不用上之戰是也。此聖人教人避亢龍之悔、戰野之傷，即與禳同。而禳者，實罪己以挽天心也。

式（儀式）用淨木六分厚（坎生木，六數，故六分），一寸寬（坎又一數，故一寸），六寸長，上用墨筆書東方甲乙之神位，用淨土拌濕盛碗內，置木（取木克土義）。公為親子，當於正子時置屋內正北方淨桌上，供淨水一碗，焚香一炷（坎一數），默祝曰：弟子某為母痛謝罪，東方甲乙之神（一遍坎數），如此祭六夜，即癒。癒後將木牌位移於淨屋中，每日上香一柱，祭百日，病人大癒。再於本院內正北挖一尺深、六寸寬、一尺長坑一個。令病人親致祭畢，將木牌理之坑內，勿再動。其子依言祭之，果癒。後又活十一年而亡。

式

尺寸各取生本令義

春木牌　祭品水

夏木牌　祭品果品

秋木牌　祭品麥物

冬銅牌　祭品五金皆可

四季木牌朱書　祭品赤色物

凡遇此等，卦驗者甚多。祭品祝辭拜禮療埋宜皆敬依方位數日行之，以取生氣，即《易》所謂利用祭祀之義也。

卦忌

兵忌渙遯履復。病忌渙萃賁旅遯履復歸妹益。老人病忌泰既濟。事忌解渙屯蹇睽。走失忌坤（坤為迷）。

爻忌

官（文武），小吏忌（乾革）五。病忌賁五、觀四、升六、豫六、師三、泰初二、履六、益五。少者忌師五。走失忌復六。

卦喜

病喜革損解乾。訟喜渙解。事喜既濟益萃。占官與謀食，最喜頤。

爻喜

官喜損五、益二，名姓中有壽齡仁山椿字尤利。病喜豫五。設賑喜蒙五。兵喜師二。鄉會喜屯三。

如此之類，不一而足，姑書此數卦，以揭其隱。有心者推而廣之，如能見每卦每爻各有所喜，各有所忌，會而通之，神而明之，則天地自然之易，與吾心自然之易，寂然不動，感而遂通，不難矣。

六甲

夫天地間最足以證占驗之得失，除陰晴風雨之外，惟六甲為真。如陰爻多無雨，陽爻多有雨。後世只知京房駁論，剝者山與天通，為有雨之說。曰山地剝，土多無雨，果晴。人多以為奇。此皆不善於讀《易》者也。乾不云乎雲行雨施是陽卦有雨之明征也。而易數舊論，以乾為晴明者謬極。譬之以一卦占一日之陰陽，一爻管二時，見陰爻結離象者必

晴，結異象者必風之類是也。惟六甲亦然。舊論陽爻阻位為男諸說，與夫他書七七四十九之歌，可笑極者矣，夫六甲在天機為秘密，在占驗為實證，與占地內之事同。先聖明言，而後人不覺，安為之解，致使乾道成男，地道成女，顯而易見之理不明於天下後世，又其甚者，致將易知簡能之旨，混入佛老之言，抑知十二辟卦自復至乾皆陽卦，陽卦男也，自姤至坤皆陰卦，陰卦女也，未濟男之窮，既濟男之終，晉晝睽外，大過大畜皆男也，漸女待男行，歸妹女之終（陽大陰小）。明夷夜，家人內，小過小畜皆女也。以此理此數占之，六十四卦，皆一反一正。一反一正，即一陰一陽也。一陰一陽，即一男一女也。明證在目，何必猜疑？至於未生之前定其壽夭窮通，形貌顏色，手足紋字，髮毛皮膚，細細從卦之動爻反正觀之，揆之以時，合之以位，參之以互，察之以遇，通之以變，必窮神知化，以至絲毫不疑，然後斷之，以求其無差而後已，則可也。

予師未授，但曰卦有定議，不必以爻位陰陽斷之也。予揣摩三十年，果然。因而將看小兒天花法附此。

小兒天花驗 附錄

嬰兒天花一事，毫與易數無涉。因予先人素好風鑒，兼善相馬，嘗以此示予，文字無多，難成一書，姑寄諸此編以防庸醫之誤治者。天花上中下三品為順逆險。嬰兒之氣色，預告之矣（未有無氣色而即犯天花者。如無氣色而即犯天

花，亦有生者）。有生來即有者，有前幾月長者，有前數十日長者，萬無一失，直若生者生，死者死，造物早志之矣。無如人視而不見，何哉？語及此，適予友在側，止之曰：萬不可以此書之於冊，宜謹防庸醫又藉此以誇奇而害人也。予曰：不然。善由人作，惡亦人為。天不能禁惡人而使之不生，予豈能禁庸醫而使之不惡？今試述之。上品色在天庭，或生來有，或前數月長天庭上，有若蚊蟲咬成紅點者，或三五點，或十數點，忽有忽無。犯天花時多不過二三十粒，少七八粒，極上品也。次者天庭中宮有直上紅氣一條，若連若斷，忽有忽無。犯天花時，多不過百粒，少七八十粒。又次者自兩眉頭各若赭石畫一條，忽有忽無。犯天花時，雖富無妨。以上三品，即上上、上中、上下也，萬無一死。中品山根青，黑如濕灰者死，雖青而不惡者，十生八九，青少而有光者生，來年疹癧必多，亦無妨，或十傷一二，此中品之上中下也。至若下品，或兩耳前鬢角下有若指肚，按之淡黃印者，犯天花時不過五七日死。印堂有赤色，或九日十一日死。睛若魚目神定而不動者，亦不過六七日死。以上下三品，百無一生。蓋耳前為命門屬腎，小兒之腎因袴無襠，多受寒涼，賊風每致腎絕。印堂，心經部位也。或素嬌養多熱。若魚目者，腎臟兩絕也。事前看出，宜急延名醫先治此症，此癒然後再治天花不晚。若此醫法幼幼之書亦必有之。切勿因勢急誤延號娘娘某、號大劑某等之惡習甚者。即如號大劑者，吾見其用藥，動皆一劑四五斤，或七八斤不等，煎得時或二三十碗，或十數碗之多。休言幼子難服，即大人亦難盡飲。予友聞而樂之，遂口占曰：世上癡人總不知，誤延

大劑害佳兒。冤哉大劑傷無幾，小劑誰非大劑師。予曰妙妙。

定緩急說

易數所論緩急俱失當，繫詞曰，初與四皆平。可知初與四皆平緩。二與五皆中，三與六皆急。如占得六爻，吉凶已定，數不能逃。當知六爻獨急，惟小過、明夷、復此三卦初爻急。如占人物之成敗生死，夏月得坎之六爻，為數盡氣盡，不可救。夏月得離六爻，為數盡氣不盡，雖危無妨，尚有可救之路。以此類推皆可得也。

定日期說

遠以年論，近以月日時論。每遇一卦（卦數宜用先天），必先觀其一動爻之位，與五行生克，用九因法，合內外卦數，加以納甲之例定之，則日期可得矣（納甲即甲己子午九乾，乙庚丑未八震巽，內辛寅申七離，丁壬卯酉六坎，戊癸辰戌五艮十坤，已亥單納四兌，試之頗驗）。

學易要訣

　　讀易當知彖繫爻象之詞皆從畫中出，直若無一用字。即爻象易見者，言之若今之破題承題一般。前聖每爻從畫中看出無盡之意，作出佳文。今人渾圇讀之，其病小，而入於論理一途，如黑夜入幽室，久之本性皆昏，其病大。夫如是，究何道之從也？其要處全在《繫辭》一卷，以細心熟讀，有不得所據處，參觀《來注》，以開心思。程朱之理，萬不可少，而邵氏之論，尤不可不旁搜遍覽也。引而伸之，觸類而長之，此二語已盡妙諦。要之六十四卦三百八十四爻，無一卦一爻專言何事者。即如師以言兵，噬嗑以言貿易，及引伸觸類之，餘三百八十四爻，皆可言兵，亦皆可言貿易也。況古之繫辭者不下百餘家，即如《焦氏易林》每一卦繫六十四卦，楊元衛包潛虛洞極亦各有其辭，其法各從畫中看出精義而為者也。豈妄作哉！有心者從此學之，久而有得，始謂予言不誣矣。

元會運世論

　　天元會運世之說，乃邵氏得先天之傳而創者也。皆本十二辟卦，分來以統十二萬九千六百年之數。其間因革損益，治亂得失，以前征後，以後考前，了如指掌。數以十二合三十，三十統十二。與天地年月日時合以自然，不假安排。故

以一日之數，可推十二會，以十二會之數，可觀一日。其道至易，其法至簡，從未聞有。所謂以卦爻加數算之得千百十零為元會運世者，此必嗜好邵氏書，別有心得，而作此名為易數者也。

觀其所本，乃積先天策數以當萬物之數，故又名曰萬物數。其於每受各分元會運世，實非邵子之所謂元會運世也。然其法不離先天，而萬事萬物非數無以知來，雖皇極中之支流餘裔，其占事也，靡不泛應曲當。今人易於捉摸，真可謂以前民用者也。有心者依事為圖，凡占一卦，即始徹終，使之一目了然，久之心有所得，則遇事前知不難矣。

增補詳注六爻一撮金易數

【宋】紹雍　著
【明】劉基　注

六爻一撮金易數

序

　　《邵康節先生一撮金易數》，人珍秘枕，家奉蓍龜，奧義微言，隨響而應，其源蓋本於希夷先生《河洛理數》三百八十四章之詞也。夫《河洛》一書，闡先聖不傳之秘，發羲畫精微之旨，洋洋浩浩，泄人生一世之先機，可謂廣博而淵深矣。邵子以人未易窺測其妙，獨取其爻意，參以己意，指人之迷，以資占卜。任取二字之畫以數策，其內外之象卦既成，復求一字之畫以策其爻辭而玩其占，令學者以至淺而測其至深之理，以至簡而求其至驗之詳。惜後人不明二字之外復求一字以占爻，遂只以二字成卦，仍以二字取爻，不知二字之數單則俱單，而雙則俱雙。卦成而爻隨之，一定而不可移。故一卦只有三爻，奇則無耦，耦則無奇，而六爻不備矣。後人又因其定數，遂棄其半，只用一百九十二爻以行世。殊不明易有六爻，而遺其半，非所以為易也。無怪乎有驗有不驗者，烏得為全書哉！奎璧主人偶得劉誠意家藏先世秘本，備載三百八十四爻之辭，取隨事而占，其應如響。其法無難，但成卦之後，二字不用，再求一字以策之，則爻全象備而無不驗矣。由此觀之，則三先生之留心民事，指示稽

疑，而預參休咎，使人知貞悔之正，趨避之宜，不外乎大易之全體，其淑世之功豈淺鮮哉！

時　康熙壬戌春月望日瑯瑯王相晉升甫識

占例

凡占事者，隨意先喝二字，計其筆劃，以八除算。看卦，先一字為內卦。內卦者，下卦也。後一字為外卦。外卦者，上卦也。總看六十四卦中為何卦。

一乾天　　二兌澤　　三離火　　四震雷
五巽風　　六坎水　　七艮山　　八坤地

如字一畫為乾天，二畫為兌澤，八畫為坤地。若九畫復為乾天，十畫復為兌澤，十六畫復為坤地，十七畫又為乾起。再喝一字，計其筆劃，以六除算。看爻，如字一畫為初爻，二畫為二爻，六畫為六爻。若七畫復為初爻，十二畫復為六爻，十三畫又為初爻。大率看卦以八除算，看爻以六除算，周而復始，自無差誤。

卦序

一　**乾**為天　　天澤履　　天火同人　　天雷無妄
　　天風姤　　天水訟　　天山遯　　　天地否

二　**兌**為澤　　澤天夬　　澤火革　　澤雷隨
　　澤風大過　澤水困　　澤山咸　　澤地萃

三　**離**為火　　火天大有　火澤睽　　火雷噬嗑
　　火風鼎　　火水未濟　火山旅　　火地晉

四　**震**為雷　　雷天大壯　雷澤歸妹　雷火豐
　　雷風恒　　雷水解　　雷山小過　雷地豫

五　**巽**為風　　風天小畜　風澤中孚　風火家人
　　風雷益　　風水渙　　風山漸　　風地觀

六　**坎**為水　　水天需　　水澤節　　水火既濟
　　水雷屯　　水風井　　水山蹇　　水地比

七　**艮**為山　　山天大畜　山澤損　　山火賁
　　山雷頤　　山風蠱　　山水蒙　　山地剝

八　**坤**為地　　地天泰　　地澤臨　　地火明夷
　　地雷復　　地風升　　地水師　　地山謙

☰ 乾為天

初爻：佳謀密用且潛藏，陽氣方生運未強。
　　　直待龍蛇興變日，高攀仙桂始榮昌。
玉種藍田，珠產深淵。潛龍一起，直上青天。

二爻：得意宜逢貴，前程去有緣。
　　　利名終有望，三五月團圓。
仕途求謀，財喜重重。文書印綬，步廣寒宮。

三爻：何須嘵夜憂，轉眼笑盈眸。
　　　聲名終遇合，目下暫淹留。
崎嶇歷盡，振動四方。風雲際會，得遇明良。

四爻：欲行還止，徘徊不已。
　　　藏玉懷珠，片帆千里。
財旺生官，必假陶鎔。凡事心動，福祿無窮。

五爻：變化升騰日，祥雲繞足飛。
　　　九天施雨露，萬里盡光輝。
飛龍在天，利見大人。青雲接足，振耳聲名。

六爻：心戚戚，口啾啾。
　　　一番思慮一番憂，說了休時又不休。
猶豫不決，陰人持家。姻緣子息，雖好難誇。

䷉ 天澤履

初爻：不遠不近，似易似難。
　　　　等閒入手，雲中笑看。
對面千里，間隔數重。不意而成，相生合榮。

二爻：月落事未完，物見人不見。
　　　　好借一帆風，奇哉真快便。
幾番風雨，空惹人愁。浪靜波平，風水行舟。

三爻：桃李謝春風，西去又復東。
　　　　家中無意緒，船在浪濤中。
君雖守舊，改圖而秦，迤邐反復，定損家時。

四爻：前憂後，後憂前。
　　　　彼此意留連，人圓月也圓。
進退維艱，憂疑反覆。雲散月明，且歌新曲。

五爻：狂風吹起黑雲飛，月在天心遮不得。
　　　　時閑無事暫相關，到底依然無刻剝。
小人當道，君子端然，嫉妒行藏，仰賴神天。

六爻：古鏡重磨掃舊塵，梅花先報隴頭春。
　　　　天邊貴客相攜引，他日聲名播九重。
處心中正，立志堅貞。蟾宮折桂，宴飲瓊林。

䷌ 天火同人

初爻：久否終能濟，時間離恨消。
　　　利名多得意，進步上青霄。
陽春一轉，否極泰來。笙歌鼎沸，簇擁瑤台。

二爻：心和同，事和同。
　　　門外好施功，交加事有終。
三合六合，謀望亨通。庶人皆吉，喜就身榮。

三爻：伏兵林內久，三歲不能興。
　　　靜守無他恙，安行不免驚。
乘勢攻人，少吉多凶。但能謙守，吉慶相逢。

四爻：意孜孜，心戚戚。
　　　要平安，防出入。
思過憂生，內外難同。進退縈絆，交之必凶。

五爻：悲一番，笑一番。
　　　相戰又相觀，其中事卻歡。
先憂後喜，先難後易。兩兩不同，必得奇遇。

六爻：一水繞一水，一山繞一山。
　　　水盡山窮處，名利不為難。
修真學道，只要心堅，如登萬仞，希聖希賢。

䷘ 天雷無妄

初爻：事相扶，在半途。
　　　翻覆終可免，風波一點無。
累歲奔波，今入道路。貴人指引，早貧暮富。

二爻：本無期望志，所得出無心。
　　　攸往皆多利，相將遇好人。
心無妄念，自有盈餘。得遇貴人，薦引吹噓。

三爻：淺水起風波，平地生荊棘。
　　　言語虛參商，猶恐無端的。
同席連戈，水底撈針。繡口狼心，隨謬深沉。

四爻：德廣位猶謙，且盡君親道。
　　　靜聽好消息，自有佳音報。
琢磨成器，志定心堅。中秋皓月，光射九天。

五爻：喜、喜、喜，春風生桃李。
　　　不用強憂煎，明月人千里。
蘭桂芬芳，浪暖三奇。紅白天然，南北兩地。

六爻：妄動謀為不必提，只宜守舊更操持。
　　　恰如一朵月中桂，花開正值歲寒時。
只宜操守，不可妄為。欲求名利，且待春雷。

☰☴ 天風姤

初爻：若言贏壯豕，居卑卻上尊。
　　　往凶宜莫進，退步是生門。
君子道消，小人道長。守靜則吉，不利攸往。

二爻：欲濟未濟，欲求強求。
　　　心無一定，一車兩頭。
意思欠誠，戒貪反得。雙彎奚騎，牽掛有失。

三爻：前進足次且，提防小厲吁。
　　　雖危無大咎，止步是安居。
欲行且止，擅動有災。退身靜守，喜笑言開。

四爻：居下當親上，人心易散離。
　　　事機終失一，萬慮總成虛。
忠君孝親，積善天錫。第方寸間，別生弗益。

五爻：中正居尊理合宜，以杞包瓜象所施。
　　　若能守正相逢遇，猴兔牛蛇會有期。
以尊接下，附己招廷。守其中正，樂以忘年。

六爻：見不見，需防人背面。
　　　遇不遇，到底無憑據。
斟斟酌酌，暗矢難卻。絾絾密密，全沒下落。

䷅ 天水訟

初爻：嘹嚦征鴻獨出群，高飛羽翼更斜分。
　　　雲程正壯堪圖進，好個名聲處處聞。
官對萬戶，明倫序爵。赤心正直，常享安樂。

二爻：事不足，防反覆。
　　　月落寒江，一榮一辱。
上下皆怨，時理未明。只宜退讓，方免災迍。

三爻：貴人相逢便可期，庭前枯木鳳來儀。
　　　好將短事求長事，休聽旁人說是非。
福星照臨，瑞產靈芝。近悅遠來，謹慎便宜。

四爻：風吹雲散月華明，柏木開花滿戶庭。
　　　舊恨新愁俱撇下，須知從此復安榮。
好事重新，貞吉有餘。優遊自在，快樂安居。

五爻：梅前鵲噪正翩翩，憂慮全消喜自然。
　　　一人進了一人退，下梢終有好姻緣。
好鳥飛鳴，笑傲優遊。親賢樂士，正是良謀。

六爻：有錫不須歡，時當隱遁安。
　　　困來宜擇避，柏木耐嚴寒。
得之莫誇，藏之為志。松柏青青，歲寒如是。

䷠ 天山遁

初爻：遁者宜恬退，陰陽迭盛衰。
　　　晦藏能靜守，方可免危災。
路途艱險，難以提防。欲免災逆，跡斂形藏。

二爻：兀兀塵埃久待時，幽窗靜處有誰知。
　　　若逢青紫人相引，財利功名自可期。
青燈黃卷，韜讀書囊。雁塔標名，士庶沾香。

三爻：遁疾須防厲，非陰小事堅。
　　　壯心謀大計，歧路要音傳。
進退兩難，都緣意慳。妒花風雨，月暗雲間。

四爻：一得一慮，退後欲先。
　　　路通大道，心自安然。
德本財末，知靜能定。涉川涉野，如登坦平。

五爻：正值宜嘉遁，時和世吉昌。
　　　寶中金玉出，瑞兆應禎祥。
三星應瑞，百福駢臻。時和歲稔，人壽年豐。

六爻：一番桃李一番新，誰識陽和氣象新。
　　　林下水邊多活計，見山了了稱人心。
花木森森，九曲源頭。萬物春回，旋乾洪鈞。

䷋ 天地否

初爻：相引更相牽，殷勤喜自然。
　　　施為無不利，愁事轉團圓。
天神一指，競入希夷，高厚任寰，四海相知。

二爻：獨泛孤舟出翠微，花邊釣處白魚肥。
　　　就中無限煙波景，釣罷金鱗滿載歸。
白萍紅蓼，滿目煙霞。臥游江海，醉倚浮槎。

三爻：無蹤又無跡，遠近終難覓。
　　　平地起風雲，似笑還成泣。
夢幻泡影，少得多失。不則災殃，隻身孤立。

四爻：失實謾高飛，賓鴻去未歸。
　　　山前一子立，信是好施為。
君子宜防，小人侵害。如若不戒，其禍將大。

五爻：身不安，心不安。
　　　動靜兩三番，終期事必歡。
三綱未全，條目自警。浩然超群，得遂生平。

六爻：泰極將成否，人心不順從。
　　　未宜有施用，雖正亦為凶。
否極泰來，泰極成否。天運循環，自然之理。

☱ 兌為澤

初爻：去就無牽制，從容得意時。
　　　上爻和且悅，吉慶更何疑。
兩兩和同，一舉成功。休疑休慮，風虎雲龍。

二爻：玉出昆岡石，舟離古渡灘。
　　　行藏終有望，用舍不為難。
白璧非寶，更者兩辭。紅粉古劍，佳人烈士。

三爻：思慮多，心事難。
　　　駕危舟，過險灘。
心中擾攘，意亂神迷。道路艱險，慎保無虞。

四爻：難難難，忽然平地起波瀾。
　　　易易易，談笑平常終有忌。
紙盡墨乾，書者更難。道義勢利，舔舔則憚。

五爻：一堆草裡蛙鳴鼓，三犬巢邊夜吠家。
　　　剝厲有時終解散，一輪明月照丹霞。
親信小人，反疏君子。尤當警戒，以保終始。

六爻：樂之極矣悲將至，巽兌分明吉與凶。
　　　未能光大終幽暗，日落西山返照中。
喜怒哀樂，禍福明知。花間酒底，退步為奇。

䷪ 澤天夬

初爻：神黯黯，意悠悠。
　　　收卻線，莫下鉤。
情慘意淡，不可勉強。衣祿改圖，三竿日上。

二爻：浪內萍無定，山前木葉凋。
　　　孤舟煙火靜，惟見鶴沖霄。
心中恍惚，意亂神疲。潛身散守，飛鳥忘機。

三爻：虎伏在前途，行人莫亂呼。
　　　路旁須仔細，災禍自然無。
三人為患，休從不善。叮嚀謹慎，損益須潛。

四爻：意躊躕，心恍惚。
　　　雲散月明，且歌新曲。
欲進不進，猶豫不決。側耳潛聽，陽春白雪。

五爻：所事縱云難，平地起波瀾。
　　　笑談終有忌，事回心覺寬。
但為其作，知心而托。提防三寸，先憂後樂。

六爻：千里共徘徊，休傾別後杯。
　　　暮天人影散，遲日照松梅。
進德修業，君子道長。以剛決柔，小人凶也。

䷰ 澤火革

初爻：意迷情不迷，事寬心不寬。
　　　要知端的事，猶隔兩重山。
家人難和，姻緣在天。戀貪密勿，咫尺完然。

二爻：改革宜從緩，非宜遽變更。
　　　前程無阻滯，吉慶保元亨。
徐徐緩緩，革故鼎新，光前裕後，譽播聲名。

三爻：道路追逐，門庭閉塞。
　　　霧擁未分，雲開見日。
門關戶閉，半掩柴扉，風清月朗，物換星移。

四爻：改故始知新，更新事且宜。
　　　東風傳信息，春色上花枝。
利害紛紛，施為變更。一陽動後，百事皆亨。

五爻：虎變高山別有期，貴人目下尚狐疑。
　　　雁來嘹嚦黃花發，此際聲名達帝畿。
革故鼎新，改換待時，專聽秋聲，名利皆宜。

六爻：君子更新日，他人亦面從。
　　　但宜居正吉，征治反為凶。
革終須變，君子端平。樓頭雁過，隻影孤鳴。

䷐ 澤雷隨

初爻：欲渡江心闊，波清水自流。
　　　前行風浪靜，始可釣鼇頭。
利涉大川，波平如掌。進步有功，帆輕潮長。

二爻：一事已成空，一事還成喜。
　　　若遇口邊人，心下堪憑委。
金珠落水，得宜其佳。相生相合，可托無差。

三爻：捨一人，就一人。
　　　求謀有望，貴客相親。
得失休嫌，有求必獲。貴人指薦，黃金滿屋。

四爻：魚上鉤，絲綸弱。
　　　收拾難，力再著。
學貫天人，經緯未施。功加百倍，直上雲梯。

五爻：爵祿加臨吉有孚，震驚百里笑聲呼。
　　　月邊自有人推轂，指日登壇手握符。
五居中正，上下乎誠，禎祥吉慶，福祿駢臻。

六爻：可蓄可儲，片玉寸珠。
　　　停停穩穩，前遇良圖。
來耜多粟，教子若珍。行程著定，凡事皆殷。

䷛ 澤風大過

初爻：心有餘，力不足。
　　　倚仗春風，一歌一曲。
足志多謀，奈何無雲。東風借力，談笑光榮。

二爻：滿目好風光，紅花又更香。
　　　蟠桃三結子，一子熟非常。
花發根生，上下皆榮。婚姻子息，畫錦恩隆。

三爻：荊棘生平地，風波起四方。
　　　倚闌惆悵望，無語對斜陽。
宿渭野蔓，舟陸有阻。以靜待動，免得消疏。

四爻：凡事有遲速，逢龍是變鄉。
　　　月下相照戶，自有好商量。
春花秋月，各有其時。盈虛消息，靜裡方知。

五爻：一人兩事，一人兩心。
　　　新花枯樹，須待交春。
恍恍惚惚，各逞精神。老蚌無珠，再理橫琴。

六爻：水邊憂，山下愁。
　　　要平安，休往遊。
不利於逆，恐有驚濤。安居靜守，快樂逍遙。

䷮ 澤水困

初爻子：困於株木，入於幽谷。
　　　　居暗之甚，三歲不覿。
心神不定，躊躇反覆。雲散月明，花藏深谷。

二爻：足不安，心不安。
　　　兩兩事相得，憂來卻又歡。
勞勞碌碌，安分無辱。重重得意，然後發福。

三爻：據困當謙下，乘剛更強為。
　　　治家難保守，名辱且身危。
既困於石，據於蒺藜。妻猶不見，不祥可知。

四爻：目下志難舒，有客來徐徐。
　　　金車難歷險，吝必有終歟。
眼前守拙，長者頻呼。滿而不穩，堅固自餘。

五爻：上剭而下刖，何當困益深。
　　　若能恭祭祀，福慶自然臻。
用剛制柔，求益反損。同德相資，名揚財穩。

六爻：缺月恐難圓，殘花不再鮮。
　　　苦求名與利，到處遇迍邅。
凋零門戶，謀望休圖。直待陽春，祈福神助。

䷞ 澤山咸

初爻：意在關中信未來，故人千里自徘徊。
　　　天邊雁傳書訊至，一點梅花喜色回。
切切思思，兩地呻吟。隴頭折枝，音信上林。

二爻：不宜輕易動，妄躁反為凶。
　　　守靜當安分，居然吉慶隆。
安居則吉，妄動則凶。閑中安分，有始有終。

三爻：休道事無成，其中進退多。
　　　桂輪圓又缺，光景更楷磨。
休論作真，恐是虛言。清則必溢，須得從前。

四爻：慎始初交日，感志在於勤。
　　　貞正能堅固，忠誠久自明。
一動一靜，一出一入。秋月春花，光彩煥馥。

五爻：事了物未了，人圓物未圓。
　　　要知端的信，月影上闌干。
財動牽連，終朝淹廷，若要安痊，百日青天。

六爻：有似無，無似有。
　　　每勞心，閑費口。
多言招辱，圖事難成。勞心勞力，久始安寧。

初爻：細雨滿桃腮，離情莫恨猜。
　　　東風須著意，花落又花開。
一人兩心，一事兩頭。得人指點，信步登樓。

二爻：歎中生不足，內外見愁哭。
　　　雲散月當空，轉禍當成福。
半途之艱，啾唧之災。玉兔生花，普照首蓿。

三爻：上下皆相應，中心自歎嗟。
　　　攸往無小吝，無咎亦無差。
上下和同，來往匆匆。無災無吝，百事從容。

四爻：言語參商，波濤鼎沸。
　　　事久無傷，時間不利。
卯東酉西，鑊湯浪急。鬼祟臨身，祈保脫體。

五爻：月已圓，花再發。
　　　事休休，無合殺。
缺月重圓，花開又鮮。事情未了，到底纏綿。

六爻：事中應有忌，路險風波易。
　　　欲往且遲遲，稱心須得勢。
迅雷暴電，飛砂走石。怕沒福生，敢仗遮庇。

䷝ 離為火

初爻：風動水生波，關心事若何。
　　　錯然履無咎，敬戒致天和。
旭日東昇，煥彩光明。萬方普照，共享升平。

二爻：謀已定，事何憂。
　　　明月上重樓，雲中客點頭。
長久之計，貴乎良善。碧翁降祥，聽乎數言。

三爻：日中須有昃，盛滿必防虧。
　　　人臺嗟凶吝，風波小艇危。
盛極必衰，否極泰來。小心謹慎，方免凶災。

四爻：遇不遇，逢不逢。
　　　月沉水底，人在夢中。
踏破芒鞋，未際明時。兔墜烏啼，覺來如是。

五爻：涕泣湘江水，還驚一水災。
　　　女人揮帽笠，回首又花開。
嗟歎不已，先憂後喜。滿樹花開，坐聽綠倚。

六爻：誅戮中邦利出征，一朝獲醜在王庭。
　　　鳳銜丹詔歸陽畔，得享佳名四海榮。
壯猷統兵，出新號令。討殄匈奴，奏凱升平。

䷍ 火天大有

初爻：富貴易驕盈，當存敬畏心。
　　　艱難常在念，災禍永無侵。
自滿招損，惟謙受益。忠正常存，神明助力。

二爻：一重水，一重山。
　　　風波道坦然，壺中別有天。
北川東海，漢嶺秦關。眾星朝拱，日月循環。

三爻：偏宜君子道，進步與求名。
　　　用享於天子，不利於小人。
求名逐利，君子相宜，前程遠大，壽享期頤。

四爻：遇險不為憂，風波何足懼。
　　　若遇草頭人，咫尺天涯路。
平路若懼，涉江如步。學海文淵，風送皇都。

五爻：整肅威如吉，孚交內外和。
　　　德因良輔弼，瑞兆福星多。
上下相濟，中心符合，剛柔得體，國祚風和。

六爻：奇、奇、奇，地利與天時。
　　　燈花傳信後，動靜總相宜。
三才之內，為人最貴。佳兆元神，助我而為。

䷥ 火澤睽

初爻：上下分，憂愁決。
　　　千嶂雲，一輪月。
君正臣忠，父愛子賢。一色澄清，萬鬼鮮妍。

二爻：捨一處，就一處。
　　　事要委曲自然成，時間目下兩分明。
一得一失，中多委曲。反覆周旋，方能成局。

三爻：鼎沸風波，孤舟渡河。
　　　巧中藏拙，人事蹉跎。
滔滔白浪，穩坐漁船。半帆把舵，皆登彼岸。

四爻：獨立雖無援，欣然遇故知。
　　　雲中佳信至，不必再狐疑。
獨自徘徊，性情反覆。一見佳音，心稱意足。

五爻：船棹中流急，春花一去遲。
　　　事寧心不靜，不必再狐疑。
浮屠難抵，惜汝起早。徐疾徒然，空致煩惱。

六爻：恐懼正憂驚，虛空霹靂聲。
　　　須臾風雨過，皓月出層雲。
早苗遇離，憂慮全消。風聲鶴唳，靜聽松濤。

䷔ 火雷噬嗑

初爻：人倚樓，詁多愁。

　　　坦然進步，事始無愁。

無語憑闌，遙觀萬里。行踏實地，百事可宜。

二爻：進亦難兮退亦難，登車上馬且盤桓。

　　　他時若得風雲便，穩泛扁舟任往還。

舉步多艱，利名未達。坐待春雷，飛騰奮發。

三爻：暗中防霹靂，猜忌渾無寔。

　　　轉眼黑雲收，擁出扶桑日。

幽有鬼神，陽有福德。虧心方去，先凶後吉。

四爻：始雖難，終容易。

　　　箭入雲中，吉無不利。

弓開矢發，射中孤鴻。等閒人平，百事興隆。

五爻：堪歎枕邊憂，更嗟門裡鬧。

　　　意緒甚縈纏，心神亦顛倒。

家法難調，人倫失教。早須化解，紫荊重好。

六爻：滅耳何由致，多因聽不聰。

　　　不能依勤戒，更有滅貞凶。

枕畔憂愁，門中吵鬧。意結勾連，心神顛倒。

䷱ 火風鼎

初爻：鼎顛利出否，因敗已功得。
　　　妾以其子成，從貴且恩榮。
片帆因阻，偶遇篷風。鵬程萬里，步廣寒宮。

二爻：小子出門庭，青衣久問程。
　　　貴人稍助力，花謝子還成。
孩提逢籃，指引在前。重重喜至，定產英賢。

三爻：有物不能食，有馬不能騎。
　　　悔吝終須有，其中意不迷。
風風雨雨，凡事有阻。立志忠貞，免其勞苦。

四爻：鼎折足，車脫輻。
　　　有貴人，重整續。
香火傾坭，棄如敝屣。吉人目盼，其家興起。

五爻：鼎耳黃金鉉，調羹實有功。
　　　際遇文明世，賢良恰易逢。
門庭和靄，萬物光榮。天然造化，不意而成。

六爻：貴客自相親，功名垂手成。
　　　獲金須積德，仰望太陽升。
祖宗陰騭，帝星照臨。紫府有緣，早荷恩榮。

䷾ 火水未濟

初爻：桑榆催晚景，缺月恐難圓。
　　　若遇刀錐客，方知有喜緣。
父母之年，光陰每催。苦參訓子，成名心遂。

二爻：險難危疑際，經綸拯救時。
　　　居中行正道，因散吉相隨。
野渡洶洶，濡尾有凶。前途休進，坐上春風。

三爻：萬里片帆輕，波平浪不驚。
　　　舟行無阻滯，遠路便通津。
許子在遊，名利兩就。腰纏萬貫，跨鶴揚州。

四爻：得志行其道，三年伐鬼方。
　　　有賞於大國，恩威遍八荒。
得操其權，征伐必克。濟困扶危，佩恩感德。

五爻：芰荷香裡許恩材，桂魄圓時印綬來。
　　　從此威名山嶽重，光輝玉節位三台。
蓮貫月輝，高升在秋。出將入相，職列王侯。

六爻：勿飲酒，恐濡首。
　　　不知節，失是苟。
中心安義，自然保和。耽酒不節，失是奈何。

䷷ 火山旅

初爻：瑣瑣不堪云，災生迫近身。
　　　志窮徒費力，四望野雲屯。
空言無益，反費精神。慎言謹守，方免災迍。

二爻：愁臉放，笑顏開。
　　　秋月掛高臺，人從千里來。
人去天外，倚望未回。喜皓魄明，遊子榮歸。

三爻：逆旅焚其次，俄然災咎侵。
　　　資財多喪失，僮僕亦離心。
孤鴻嘹嚦，哀鳴獨宿。旅次逢災，喪其僮僕。

四爻：花落正逢春，行人在半程。
　　　事成還不就，縈絆二三旬。
兩月之內，孕產跨灶。求利未濟，主人即到。

五爻：雉走開弓用矢圖，須知渾使費工夫。
　　　雲霄紫氣來相照，萬里鵬程接太虛。
開弓發矢，努力存神。好音天降，得意前程。

六爻：憔悴無人問，林間聽杜鵑。
　　　一聲山笛月，千古暗銷魂。
隱居求志，忍聽啼血。疏水簞倉，觀泉瀿雪。

䷢ 火地晉

初爻：須著力，莫遨遊。

　　　　長竿釣向蟾蜍窟，直欲雲中得巨鰲。

磨穿鐵硯，敲針作鉤。朱衣點額，獨佔奎首。

二爻：一悲復一喜，受茲介福矣。

　　　　受其於王母，春風妍桃李。

愁雲敞戶，如掃埃塵。賜爾多福，推誠奉親。

三爻：兩兩意和同，輕帆遇使風。

　　　　道逢人得意，凱歌急流中。

友人一口，順送岸舟。經營滿載，得意良謀。

四爻：念念多憂失，營謀思慮深。

　　　　持孤一女子，鼠叫厲方貞。

憂念榮懷，愁眉不開。陰人獨立，暗想胡猜。

五爻：萬里涉江山，風波盡日閑。

　　　　已吞鉤上餌，何必慮波瀾。

百年註定，枉用心機。籠雞野鶴，賢愚知時。

六爻：志未成，道未合。

　　　　雲遮月暗，風吹葉落。

謀求未遂，百事維艱。風雲遮閉，上有青天。

䷲ 震為雷

初爻：虩虩方震懼，周旋要謹防。
　　　笑言還自適，災禍變為祥。
霹靂震驚，不見其形。笑言未信，災疾不侵。

二爻：無蹤又無跡，遠近終難覓。
　　　旱海莫行舟，何勞空費力。
萬慮俱空，所失休尋。陸地使帆，善守者津。

三爻：滄海波濤湧，扁舟又遇灘。
　　　但存心裡正，可保汝平安。
驚惶失志，進退無計，素位而行，清修日著。

四爻：白玉隱塵，黃金理土。
　　　久久光輝，也要人舉。
有珠不吐，誰識是寶。床頭萬貫，交其有道。

五爻：心若千圍甑，底事明如鏡。
　　　進退有猜疑，風波猶未定。
存心忠厚，立志高明。行堅德重，萬里鵬程。

六爻：細雨濛濛濕，江邊路不通。
　　　道途人未達，憑仗借東風。
淹延阻滯，勿事勿宜。且待陽生，好音將至。

䷡ 雷天大壯

初爻：江闊渡無船，驚濤恐拍天。
　　　月明雲淡處，音信有人傳。
早出則有，遲行不就。中秋露重，在此時候

二爻：梨花開，正是春。
　　　若言心下事，宜得一番新。
謙謙君子，貞吉無凶。利名雙得，和靄春風。

三爻：平地起風煙，時下未能安，
　　　但過三五月，高處覓因緣。
久居其間，事起蕭牆，須借明鏡，方免災殃。

四爻：久靜宜思動，災消福自隨。
　　　利名無阻滯，任意好施為。
謀為快便，轉否成泰。進無所阻，前程遠大。

五爻：正直宜守，妄動生災。
　　　名達利通，葉落花開。
端然單立，不宜出遊。早凋晚翠，定在三秋。

六爻：君子如行壯，深處戒過剛。
　　　觸藩難進退，誰道可無傷。
凡事謹慎，不可躁為。安行無益，免致傷悲。

䷵ 雷澤歸妹

初爻：歸妹成於始，香浮水岸中。
　　　桃李芬芳日，花開似錦叢。
兩意和同，桂蕊蟾宮。香風襲襲，步月登龍。

二爻：門外事重疊，陰人多遇合。
　　　賢女雖助巧，渺渺終難洽。
美玉無瑕，黃金失色。兩子之掩，互改其宅。

三爻：巽女今歸後，安然福有餘。
　　　白衣人送喜，喜得一封書。
舊事遲遲，新緣頻聚。花開月圓，幾多時候。

四爻：缺月再圓，枯枝又鮮。
　　　一條坦路，翹首青天。
危兮復安，否兮泰來。足轟古道，悅而康哉。

五爻：心存柔順德，中正以謙行。
　　　如月方幾望，惟當戒滿盈。
才全德備，運用無窮，功名利達，福澤豐隆。

六爻：美紅顏，休掛懷。
　　　人在軍中，舟行水裡。
佳人綠鬢，迷魂之陣。恍惚亂行，素手呻吟。

䷶ 雷火豐

初爻：風波多厲過，浪靜如平渡。
　　　行藏不費心，直達青雲路。
辛苦曾經，操持老成。公車此去，有分前程。

二爻：日中辰見斗，先暗後須明。
　　　上下相交遇，禎祥吉慶臨。
陰陽錯置，先難後易。相遇相投，瑞嘉駢集。

三爻：紛紛復紛紛，欷噓獨掩門。
　　　斂眉望燈火，伴我坐黃昏。
沾衣不濕，吹面不寒。鄰家晚煙，偷光展卷。

四爻：日中見斗因邪蔽，
　　　正大光明徹九霄。
懷玉藏珠，得展霓虹。天香惹袖，信步蟾宮。

五爻：門內佳音來，生涯應有慶。
　　　名利有更遷，雁行終拆陣。
青鸞報喜，財遂名成，同胞別業，各習一經。

六爻：風雨催花急，歌來卻似悲。
　　　夕陽當晚景，斜月上朱扉。
明暗未分，曲直未定。笑裡藏刀，仰而未信。

䷟ 雷風恒

初爻：深潭月，明鏡影。
　　　一場空，妄報信。
名利虛榮，自到莫聞。夜靜釵損，空照一輪。

二爻：鳳引雛飛入九霄，豈辭雲路出逍遙。
　　　翔翔得遇西風便，從此聲名四海標。
君子當亨，前程無滯。一鹿持書，青雲得志。

二爻：橋已斷，路不通。
　　　登舟埋桶，又遇狂風。
上行無橋，下渡無舟。且自安分，免受憂愁。

四爻：井底探明月，風前拂羽毛。
　　　工夫何太拙，只恐不堅牢。
畋獵無獲，求謀未通。勞心費力，雖久無功。

五爻：湖水悠悠，孤舟浪頭。
　　　來人未識，殘月山樓。
隱隱峰巒，片帆風捲。野岸山居，休認從權。

六爻：名利不和同，驟雨更狂風。
　　　東風何事不相惜，吹落殘花滿地紅。
只能靜守，振作無功。躁動防變，恐致於凶。

䷧ 雷水解

初爻：攀月桂，步蟾宮。
　　　　名標金榜，宴飲瓊林。
秋風得意，大展經綸。玉堂佳器，振武維文。

二爻：萬水波濤靜，一天風雨間。
　　　　利名無阻隔，行路出重關。
青山不改，綠水長流。功名富貴，兩次求謀。

三爻：小人當負荷，乘馬反為憂。
　　　　自我招戒寇，雖貞亦致羞。
指實無實，兩三勞役。欲休未休，全無端的。

四爻：湖海意悠悠，煙波下釣鉤。
　　　　若逢龍與兔，名利一時周。
將台書史，持竿為由。卯辰聯捷，歸佩封侯。

五爻：邪黨散去，正直明來。
　　　　誠信相應，有德無災。
承公持正，進賢用能，德業日新，福量洪深。

六爻：一箭青雲路，營求指日成。
　　　　許多閒雜語，番作笑歌聲。
易長易退，易反易復。直上長安，加官進祿。

䷽ 雷山小過

初爻：物不牢，人斷橋。
　　　重整理，慢心高。
圯橋棧道，退順進逆。度入量出，妄為無益。

二爻：恭讓且賢良，忠貞自吉祥。
　　　立身行正道，災禍不侵傷。
去留皆可，不用憂愁。光明正大，任意謀求。

三爻：深戶要牢局，須防暗裡人。
　　　莫言無外侮，縱好受邅迍。
居地不安，勿虛門庭。更易改變，免墮陷阱。

四爻：位高而處卑，功高而居讓。
　　　隨時且變通，福星多興旺。
小人道長，君子空防。隨機應變，轉禍為祥。

五爻：空、空、空，空裡得成功。
　　　蟠桃千年熟，不怕五更風。
白手興家，辛苦中來。豐衣足食，苗插桑栽

六爻：以陰居過極，飛鳥致凶災。
　　　若能守謙抑，禎祥福慶來。
心亂如麻，妒雨催花。狂風頓止，雲散月華。

☷☳ 雷地豫

初爻：夢中人，潭裡月。
　　　有影無形，圓中防缺。
轟雷震地，鳴豫初凶。心懷抑鬱，憂悶忡忡。

二爻：鑿石得玉，淘沙得珠。
　　　眼前目下，何用躊躇。
千磨百煉，務本勤耕。不負寸陰，獲璧遺金。

三爻：聞不聞，見不見。
　　　只緣好事也多愁，更防暗中人放箭。
進退無定，心志不安。憂疑未決，何日心寬。

四爻：名遂勿憂煎，春風路坦然。
　　　更垂三尺釣，如意獲鱗鮮。
功成業就，樂道優遊。有田可耕，有水垂釣。

五爻：日月蔽朦朧，光輝不可通。
　　　幾多江海客，進退未成功。
君居貞族，人臣反剛。兼權侍勢，惟恐中傷。

六爻：得釣寒潭，中途興闌。
　　　水寒魚不餌，小艇月明還。
食風早去，宿水更闌。煙波名利，到頭皆閑。

☴ 巽為風

初爻：進退須防險，剛中利武貞。
　　　巨舟千里泛，東北振名聲。
出入憂疑，少實多虛。惟宜振武，坐擁高車。

二爻：下著佔先機，其中路不迷。
　　　目前無合意，怎免是和非。
世事如棋，見機而著。周急扶危，可保安樂。

三爻：因吝得疑猜，疑獵事莫諧。
　　　影端形自直，正己律人乖。
志窮力盡，猜疑則甚。遇已逢辰，謀為可定。

四爻：江海悠悠，煙波下鉤。
　　　六鰲連獲，歌笑中流。
乾坤浩蕩，四民百工。絲綸持定，萬事從容。

五爻：圖前當慮後，揆度復叮嚀。
　　　舉事雖先阻，終須獲吉亨。
鵲聲報喜，燕話傳情。兩庚命令，所以終貞。

六爻：一月缺，一鏡跌。
　　　不團圓，無可說。
不叩自鳴，銅山西崩。子不離母，萬物還元。

䷈ 風天小畜

初爻：同心方合志，吉慶亦相成。
　　　守正安常道，前程自顯榮。
雲散天青，輕舟宿汀。東方日出，樂亨天真。

二爻：金鱗入手，得還防走。
　　　若論周旋，謹言緘口。
休言容易，守口如瓶。物收仔細，防意若城。

三爻：陰長陽消事可傷，夫妻反目廢綱常。
　　　斷橋走馬須當慎，脫輻輾車更忖量。
陰盛陽衰，以致內乘。存心守正，可免凶災。

四爻：上下不和同，勞而未有功。
　　　出門通大道，從此保初終。
思之為美，終無怨心。眾口一心，概地黃金。

五爻：彼此相孚信，自能通有無。
　　　他時逢患難，眾力亦幫扶。
石中韞玉，頑鐵成金。鵬程萬里，不用勞心。

六爻：欲遷而不遷，喜處若勾連。
　　　尚得陰人助，魚龍出大淵。
出入未定，得當中濟。捨己從人，一躍千里。

䷪ 風澤中孚

初爻：一點著陽春，枯枝朵朵榮。
　　　志專方遇合，切忌二三心。
寂寂寥寥，投分難交。但得東風，深培根苗。

二爻：鶴鳴和子本誠心，千里相傳自有音。
　　　謀望須成圖心遂，兩重喜事在秋深。
月映層樓，簾垂玉鉤。銀蟾千里，光滿清秋。

三爻：欲行還止，徘徊未已。
　　　動搖莫強，得山且止。
三心兩意，不決懷疑。且自守己，住用神機。

四爻：翠減紅妝思異緣，倚欄惆悵悶懨懨。
　　　多情不得同歡慶，辜負春三二月天。
多阻多憂，或悲或喜。瞬夕韶光，頃刻千里。

五爻：傾一杯，展愁眉。
　　　天地合，好施為。
情緒關心，嗟歎呻吟。若問前程，孝順雙親。

六爻：雞豈登天翼，雖貞亦且凶。
　　　花開逢驟雨，又怕五更風。
不宜妄進，恐有疏虞。謹身保守，方免差池。

䷤ 風火家人

初爻：治家元有道，所貴在提防。
　　　成法宜先定，當於未變詳。
處中能正，家道自昌。庭前膝下，兩兩雙雙。

二爻：一鏡破，照兩人。
　　　心中結，合同心。
鸞鳳釵梳，各懷一股。兩次新人，和鳴舊普。

三爻：家人怨，婦女嘻。
　　　凡事少留遲，終多吝與厲。
桃李映門，溪山繞屋。外象有餘，內中不足。

四爻：珠玉走盤中，田園定阜豐。
　　　休言心未遂，此去一時通。
田舍山人，貫朽粟陳。珍奇上獻，奏名攻成。

五爻：中正居尊位，交相愛六親。
　　　怡然家道順，百福自來臻。
相愛相助，和氣盈前。名成利就，不用憂煎。

六爻：心下事悠然，周旋尚未全。
　　　逢龍終有慶，人月永團圓。
妻財子祿，常掛不足。三五良宵，金辰為福。

䷩ 風雷益

初爻：大事可成功，有益還無咎。
　　　雲中執鞭人，報在三秋後。
功名富貴，吉神相仿。金菊芙蓉，桂芳時候。

二爻：得損還須益，獲寶可榮歸。
　　　片帆千里遠，其中三雁飛。
欲動欲靜，可羨可奇。水邊活計，名利皆宜。

三爻：無蹤無跡，遠近難覓。
　　　旱海莫行舟，何勞空費力。
追風捕影，水底撈月。失物休尋，弄巧成拙。

四爻：得中行正道，益下以為功。
　　　到處無相礙，何人不聽從。
桂蕋蓮芬芳，花開玉堂。名登天府，袖惹衣香。

五爻：子結殘花，花開枯樹。
　　　屋頭春意，喜笑嘻嘻。
少時不利，老來安逸。晚景豈條，兒孫得力。

六爻：求益不知止，人情恐惡盈。
　　　立心無恒定，外變忽然生。
當進逢凶，當退亡危。水邊木上，花殘月虧。

☴☵ 風水渙

初爻：雲靜月當空，光輝到處通。
　　　道途逢順水，千里快如風。
玉兔獨明，普照萬方。名利得意，不用心忙。

二爻：時方當渙散，尚有所依承。
　　　俯就知心事，危中亦可憑。
危中獲安，理能御氣。不用憂意，終須遂志。

三爻：望處幾重山，高深漸可攀。
　　　舉頭天上看，明月出人間。
困守經年，盤藤而旋。步入賢關，五福俱全。

四爻：賓主兩同心，同心事可成。
　　　江風吹好夢，跨鶴上青雲。
大人利見，大川利涉。元吉前程，光大可決。

五爻：不歸一，勞心力。
　　　貴人攜，宜借力。
費盡波查，所作無益，必借東風，從此多積。

六爻：去血斯無咎，居當遠害傷
　　　桃花方結實，縱好怕經霜。
遠之不傷，近之不律。相反相連，笑顏如泣。

䷴ 風山漸

初爻：已達平安地，前途好進程。
　　　綠楊芳草地，風快馬蹄輕。
養志林泉，笑傲優遊。風清月朗，舟泊岸頭。

二爻：閬苑一時春，庭前花柳新。
　　　鵲聲傳好信，草木盡欣欣。
蓬萊瑤島，三山福地。茂林陰翳，桃源無比。

三爻：花結雨泥中，摧殘任夜風。
　　　幽窗休歎息，猶在夢魂中。
征鴻在陸，夫征不復。凶利禦寇，婦孕不育。

四爻：欲捉月中兔，須憑桃李梯。
　　　高山來接引，雙喜照雙眉。
丹桂高攀，短城宮裡。子貴孫賢，聯登高第。

五爻：久否未通泰，前途漸坦夷。
　　　終須借素願，折取最高枝。
百凡謀望，先難後易。質水行舟，遂心如意。

六爻：迷不迷，寬不寬。
　　　一場雙喜，徐出重關。
升樓去梯，戀五車書。利名有分，不負冠儒。

初爻：野鬼暗張弧，射中主人驚。
　　　紅日沉江海，空中事不成。
心田可種，典謨可耕。正大光明，任爾閑爭。

二爻：卦體俱柔順，窺觀利女貞。
　　　達人當大顯，窺視豈剛明。
樂處安身，觀察民情。秋來豹變，見虎不驚。

三爻：雙燕銜書舞，指日一齊來。
　　　寂寞淹留客，從茲下釣臺。
塵理數載，且待時來。一日身榮，喜笑盈載。

四爻：得為霖雨潤絲綸，正值花開錦繡春。
　　　麟閣標名成國器，坐觀變化應文明。
仕途顯達，得志亨衢。門庭吉慶，福祿有餘。

五爻：雲靄靄，月朦朦。
　　　一雁入林中，殘花謝曉風。
碧空薄霧，孤鴻獨唳，煙花敗柳，一陽再輝。

六爻：君子能觀省，修身克盡誠。
　　　不觀心自化，神志始安平。
高眼垂青，幽居必貞。一封錦字，千里帆輕。

䷜ 坎為水

初爻：海底珠難覓，須防坎陷凶。
　　　栽培無限力，春盡一場空。
似易似難，中有間關。風狂浪大，舟淺沙灘。

二爻：夢裡說江山，波深下釣難。
　　　利名終有望，目下未開顏。
文魔著爾，且待其時。天涯有路，徐徐而入。

三爻：舟行防水厄，車破不堪行。
　　　且守坎中險，防危勿用驚。
且不可近，亦不可親。雨中花落，雲散月明。

四爻：莫怪事遲留，休言不到頭。
　　　長竿終入手，一釣上金鉤。
少壯未遂，好合廝守。利名終濟，莫用憂愁。

五爻：喜鵲噪前楹，驚回夢不成。
　　　雖然無個事，也慮是非行。
滿而不溢，中平無咎，高而不危，終能俯就。

六爻：疑、疑、疑，一番笑後一番悲。
　　　落紅滿地無人掃，獨對西風掩黛眉。
百歲人生，光陰有幾，昔畏君扳，今誰掃矣。

初爻：過盡山前後，艱阻往來難。
　　　若得清風便，扁舟渡遠山。
北去南來，幾許杜鵑。利求西東，衣食豐隆。

二爻：險難將相及，剛中且待時。
　　　浮言雖小害，終是吉無疑。
欲進防危，安居必慮。水邊花下，欣然而遇。

三爻：君子升，小人阻，征戰生離苦。
　　　前有吉人逢，信在馬牛人在楚。事可憂，要營求。
胡笳一曲，別淚千行。君哉努力，金印還鄉。

四爻：有阻亦有節，先憂後吉趨。
　　　謹慎終無敗，災消禍亦消。
欲進不穩，且退便休。宜正宜順，可望可求。

五爻：久歷驚濤，東風便好。
　　　太平身退，目下尚早。
踏遍紅塵，雷鳴春雨。不用嗟吁，一丈而遇

六爻：不速三人至，相逢敬待之。
　　　得全實主意，恩澤四方施。
不期而會，皆緣前定。德沛恩榮，宜恭宣敬。

䷽ 水澤節

初爻：戶庭不出姓名香，安樂林泉道自昌。
　　　如待四方重照日，捧持君節出金方。
深居靜處，笑樂優遊。貴知通塞，卻勝公侯。

二爻：休眷戀，奔前程。
　　　終鬧亂，出門庭。
恩愛休貪，圖而無益。祿馬匡扶，行而多力。

三爻：立身從儉約，財祿自豐盈。
　　　安節常能守，施為盡坦平。
先嗟後笑，破屋重修。若問謀為，宜在三秋。

四爻：用則行，舍則藏。
　　　一鹿出重關，佳音咫尺傳。
旋彌六合，卷藏於密。君占前程，聽鳴蟋蟀。

五爻：喜鵲噪高枝，何愁是與非。
　　　燈花傳信後，宴罷醉扶歸。
居位中正，甘節之吉，志在四方，挺然而立。

六爻：渴穿井，饑畫餅。
　　　漫勞心，如捕影。
藏器待時，事預則立。勿至臨期，濟之何及。

䷾ 水火既濟

初爻：鹿逐雲中出，人從月下來。
　　　新欣生臉上，不用皺雙眉。
歡從天降，遠見衣祿。千里相逢，且歌新曲

二爻：時方雲既濟，遽進卻非宜。
　　　思慮惟能謹，災消福有餘。
推車濡尾，無咎可憂。千里行人，既濟扁舟。

三爻：入而易，出而難。
　　　懨懨到再三，交加意不堪。
進退兩間，前程分限。且交九九，可望山山。

四爻：落紅滿地亂交加，一點中心事若麻。
　　　若得貴人相指引，春風桃李又開花。
志心誠意，中正自持。自然發福，何必待時。

五爻：施積將始後，牲牢享近神。
　　　功名成兩字，回首一時新。
祖宗陰騭，祭祀血食。一線牽連，先空後得。

六爻：小舟防帶患，秋木忌凋殘。
　　　縱有登臨興，中途興已闌。
事多更變，慎防是非。月明雲掩，久久光輝。

䷂ 水雷屯

初爻：不得進步且盤桓，大得民心眾所歡。
　　　駐馬問人溪上路，一重山繞一重山。
守正不失，德業惟新。近謀遠遂，貴客通津。

二爻：事遲志速，而且反復。
　　　直待歲寒，花殘果熟。
功名事業，自有時節。松柏梅花，能耐凜冽。

三爻：逐鹿還失鹿，求名未得名。
　　　林中有佳信，去後尚榮榮。
迍邅不利，心多猶豫。凡事緩圖，不可強取。

四爻：乘馬班如，求婚貞吉。
　　　隨時諧議，缺月重明。
乾元亨利，祿馬兩全。小登科第，百世因緣。

五爻：凡占小事吉，欲下大謀凶。
　　　膏潤無施展，虛名未有功。
舍屯留守，妄動無功。虛名虛利，到底成空。

六爻：不足不足，難申心曲。
　　　野塘雨過月如鉤，夢斷邯鄲眉黛蹙。
巫山起霧，此心自悅。雨過南軒，上弦新月。

䷯ 水風井

初爻：月在雲間，昏迷道路。
　　　雲收月明，皆宜進步。
玉兔分明，人間虔鑄。山斗垂光，營求方妙。

二爻：九仞居成後，千重不憚勞。
　　　要逢欣樂地，先必見號咷。
居貞無應，困辱何尤。清靜為貴，當戒妄求。

三爻：安靜事難疑，雲中一雁飛。
　　　桃花逢驟雨，水畔女頻啼。
棲止不定，聽孤鴻聲。藍橋水漲，天合路疑。

四爻：開物重修治，忻然巧匠逢。
　　　青松四時秀，不是雪霜風。
春色枝頭，光映玉樓。佳音可待，談笑功收。

五爻：美有甘，甘有美。
　　　始有終，終有始。
一路功名，始末奇才。調羹之臣，職列三台。

六爻：博施能濟眾，時可大施為。
　　　有乎休厭倦，元吉大亨通。
可儲可蓄，尺土寸珠。停停穩穩，還大良圖。

䷃ 水山蹇

初爻：岸闊水深舟易落，路崎山險步難行。
　　　　從容自有通津處，目下幽窗日未明。
峻嶺江城，戒爾登臨。目前幽暗，他日光明。

二爻：蹇利西南吉，須防東北時。
　　　　鞠躬能盡力，終到鳳皇池。
蹇而又蹇，謹慎從容。利名終遂，定步蟾宮。

三爻：事慮淹留，人不徹頭。
　　　　往來閉塞，要見無由。
侯門海深，不得而入。早宣回首，乃為多益。

四爻：欲上青雲路未通，幾番思慮付東風。
　　　　水邊音信重回首，財利聲名兩得從。
小艇避風，急宜回避。浪靜風收，方才得濟。

五爻：道路任招呼，風波一點無。
　　　　時間心緒亂，全仗貴人扶。
吉人指教，友可同途。心神恍惚，守自有餘。

六爻：二月東風滿上林，西風爽朗月華明。
　　　　蟾宮丹桂高攀折，倒綴仙桃向禁庭。
一對鴛鴦，日暖荷芳。山明水秀，環佩叮噹。

初爻：建國安邦比牧侯，和民蓄眾樂忘憂。
　　　群鴻列陣飛霄漢，彩鳳高騰萬里遊。
林木芳菲，景物鮮新。旗開得勝，箭中紅心。

二爻：一人去，一人來。
　　　清風明月兩相猜，獲得金鱗下釣臺。
山中宰相，江湖廊廟。循環林泉，笑傲消遙。

三爻：口舌終須有，金樽恐有傷。
　　　污泥難出沒，特拔在忠良。
逢凶化吉，遇難成祥。山前白石，盡化為羊。

四爻：無端風雨催春去，落盡枝頭桃李花。
　　　枕畔有人歌且笑，教君心下亂如麻。
柳陌花街，嬌妖裙釵。歡娛宿債，善脫奇哉。

五爻：比貴相親輔，雖常助太陽。
　　　佳珍良匠琢，得寶在坤方。
老蚌產珠，石中懷玉。浪能波平，雲中鶴鹿。

六爻：喜未穩，悲已遭。
　　　大雨狂風吹古木，人人盡道不堅牢。
樂且未周，憂而即有。雖云根深，還防樵手。

☶ 艮為山

初爻：不分南北與西東，干祿求財事事通。
　　　步入青雲終有路，此回成始又成終。
陸行乘馬，水路登舟。前途平穩，無慮無憂。

二爻：易非易，難非難。
　　　歡須兩三番，忽地起波瀾。
能盡思退，能健思艱。安得如初，久令勃然。

三爻：憂在蕭牆內，將來悲見傷。
　　　預防於未見，可轉禍為祥。
亂緒紛紛，作事屯屯。修身律己，可免災侵。

四爻：止止止，有終有始。
　　　似月如花，守成而已。
知足知止，一生少恥。物色天然，風恬雪霄。

五爻：言皆中正理，悔吝自然亡。
　　　莫歎成功晚，春來事事昌。
中正立身，藏器待時。得逢大運，不在早遲。

六爻：寶鏡無塵染，金貂已剪裁。
　　　已逢天意合，終不惹塵埃。
清光明爽，興造物遊。良友契合，肥馬輕裘。

䷙ 山天大畜

初爻：飄然一棹去如梭，萬里風濤得意過。
　　　直欲釣鰲終有得，蓬瀛此去路無多。
雲散風收，好駕扁舟。名成利就，直在三秋。

二爻：蝸角蠅頭利，而今已變通。
　　　草頭人笑後，宜始不宜終。
功名事業，誰不歡悅。過則傷廉，如日照雪。

三爻：乘騎求謀進利貞，傲霜松柏四時青。
　　　雲中相送仍相贈，龍虎成名祿位尊。
姻緣配偶，相合相宜。功名富貴，愈出愈奇。

四爻：鵲噪高枝上，人行古渡頭。
　　　半途事不了，落日轉生愁。
鳥鳴非喜，中道而廢。目前奇跡，久則不濟。

五爻：浪隱波平好下鉤，何須疑慮兩三頭。
　　　蟾光皎潔雲霞淨，照徹乾坤百二州。
功高德重，輔佐良臣。調羹和鼎，永播聲名。

六爻：事有喜，物有光。
　　　終始好商量，壺中日月長。
交之以道，接之以禮。先後如初，可托萬里。

䷨ 山澤損

初爻：喜喜喜，終防否。
　　　　獲得驪龍項下珠，忽然失卻還沉水。
金蛋鷗禽，滄江幾深。兩羽到手，珠落難尋。

二爻：望斷浮雲事轉虛，相逢陌上意躊躇。
　　　　當時許我平生事，及到終時不似初。
歡欣好恰，番成一夢。雲散月明，桓苗三弄。

三爻：事未完，心未安。
　　　　疑慮久，得安然。
本末先後，周之則安。彷彷徨徨，思之則全。

四爻：銀漢淨無雲，天中月正明。
　　　　若逢龍與虎，唾手得前程。
事事團圓，豈非偶然。得逢良匠，指點真傳。

五爻：剖石得玉，掇玉得珠。
　　　　眼前目下，何用躊躇。
且勤淘沙，而得真金。雖用堅心，造化在人。

六爻：惠而無所費，酌損得其宜。
　　　　人樂來歸己，安然福祿齊。
先損後益，自然貞吉。雪裡梅花，忻逢暖日。

䷕ 山火賁

初爻：乘車不用卻徒行，千里馳驅道未平。
　　　林內虎聲驚復嘯，幾回心緒更紛紛。
先勞後益，不用憂煎。遇牛逢馬，使得安全。

二爻：月已圓，花再發。
　　　事悠悠，無不合。
求謀遠遂，一色鮮妍。情同魚水，天意人緣。

三爻：門庭多喜慶，潤色更增光。
　　　直待龍逢虎，金蘭自有香。
東風借力，好向天涯。大人薦引，明月蘆花。

四爻：曲中應有直，心事還成寂。
　　　雲散月重圓，千里風帆急。
方能制圓，繩能制直。思行遇明，遠行有益。

五爻：好事從天降，門闌喜氣新。
　　　去奢從儉約，終保大元亨。
一物可守，一事掛口，水落月圓，自然長久。

六爻：明月重圓，顏色欣然。
　　　風雲相送，和合萬年。
好事在天，從人之善。龍虎際會，世系綿綿

䷚ 山雷頤

初爻：紅葉無顏色，凋零一夜風。
　　　鄰雞醒午夢，心事總成空。
才子佳人，新詩和應。午夜雞聲，覺來泡影。

二爻：舍東以就西，重山可立基。
　　　江邊人過處，一女抱寒啼。
龍行往東，羊走向西。堆金積玉，雙果花枝。

三爻：事宜休，理多錯。
　　　日掩雲中，空成蟾閣。
且停妄為，逢巫事，有阻隔，物作虛無。

四爻：虎視耽耽吉可舒，山前著力度須臾。
　　　功名自有泰來日，遇鼠逢牛使可圖。
事防顛墜，交宜和氣。謀望必成，先難後易。

五爻：進不安，退不可。
　　　上下相從，明珠一顆。
出入突兀，吞卻針線。強勉周全，必動金錢。

六爻：迢迢臨水復臨山，路出西南涉大川。
　　　若得東風相助力，功名財利兩全完。
忠節久持，逢君不迷。舟平浪靜，任意施為。

䷑ 山風蠱

初爻：敝極宜修整，前人舊有規。
　　　意承須改變，損益亦隨時。
忠貞誠實，可委可托。謹慎周旋，無差無錯。

二爻：暗去又明來，憂心事可諧。
　　　終須成一笑，目下莫疑猜。
朝雲暮雨，心然口變。情干肺腑，意惹思連。

三爻：久弊應難革，須防損失多。
　　　見機知進退，終是保安和。
月有虧盈，河濁又清。縱逢歹事，端坐不驚。

四爻：可以委，可以托。
　　　事遲遲，無差錯。
用人得力，必沒謟謬。從容進步，萬事皆就。

五爻：一月出層雲，江河徹底清。
　　　湛然無點翳，謀望等閒成。
笑傲優遊，不事王侯，浮雲變態，樂隱田疇。

六爻：深淵可釣，幽林可羅。
　　　只用恒心，不必孤疑。
求謀有望，最要心專。見兔放鷹，高矢低荃。

䷃ 山水蒙

初爻：門外起干戈，親朋兩不和。
　　　朱衣臨日月，始覺笑呵呵。
嫌貧妒富，五親不睦。是非逸散，公處雀角。

二爻：花謝枝頭果實多，好音來矣莫蹉跎。
　　　含容納婦宜家吉，不比初謀悔吝過。
片月漸明，花殘又新。半途不了，此舉歡欣。

三爻：取女無攸利，花開又及秋。
　　　嚴霜將薦至，退步不存留。
姻戚不久，謀事緩求。葉落經秋，小子啾啾。

四爻：窮困方蒙昧，中心吝可憂。
　　　須求誠實者，方可免始羞。
宜戒花酒，莫戀外財。志誠謹守，百事方諧。

五爻：乘病馬上，危坡防失，跌見蹉跎。
行舟走馬，防覆慎仆。登高恐危，省免勞碌。

六爻：萬里統征戎，威武冠群雄。
　　　借口成功日，風虎會雲龍。
彼方蒙昧，須用意攻。當宜謹密，多吉少凶。

䷖ 山地剝

初爻：上接不穩，下接不和。
　　　相纏相擾，平地風波。
動則多損，安則有益。內外消索，全不得力。

二爻：床剝轉侵殘，謀安未見安。
　　　晚江桃李綻，驚蟄雪霜寒。
休陷他人，須防自身。若能守正，方免災迍。

三爻：玉石猶蒙昧，那堪小侮多。
　　　終無咎，笑呵呵。
陰霾蔽日，霪雨浸花。碧天雲斂，明朗方佳。

四爻：剝至事堪傷，陰人恐在床。
　　　朝雲無定處，暮雨又何方。
枕畔相思，猶如暗日。風雨催殘，退身為吉。

五爻：圓又缺，缺還圓。
　　　低低密密要周旋，時來始見緣。
月有弦晦，人有富貧。天地無心，滕閣吹吟。

六爻：至德覆群陰，爻辭君子貞。
　　　一朝丹詔至，好待及時迎。
君子得輿，小人剝廬。貴在中正，福祿有餘。

䷁ 坤為地

初爻：陰氣方濃始履霜，待時旋轉見陽剛。
　　　雲中一力攙扶起，水畔行人在北方。
今日明朝，明朝今日。只覓歡欣，何勞憂慽。

二爻：千里從征造化通，功名神助免蛇逢。
　　　波濤風月幽閒在，成就無煩心事中。
將一新令，四海澄清。風動雷鳴，鼓舞升平。

三爻：含章雖有喜，進退且需時。
　　　丹詔從天下，風雲際會時。
始覺先難，終知後易。相合相生，天時地利。

四爻：路不通，門閉塞。
　　　謹慎提防，雲藏明月。
出入古道，更改門閭。退身避位，陰障自除。

五爻：冠冕垂衣治，安身文史中。
　　　不須操武略，跨鳳又乘龍。
安居樂享，福祿綿綿。至善至美，喜慶雙全。

六爻：月缺花殘，鏡破釵分。
　　　休來休往，事始安寧。
鼓盆之歌，危弦樂和。風息雪消，好事如何。

䷊ 地天泰

初爻：東邊事，西邊成。
　　　風動月華明，高樓弄笛聲。
事業可圖，姻緣湊巧。登跳吟風，光輝歌妙。

二爻：擬泛孤舟出翠微，溪邊垂釣白魚肥。
　　　就中無限煙波景，釣罷金鱗滿載歸。
則能果斷，荒穢包容。不偏不倚，正道中庸。

三爻：和不和，同不同。
　　　進退須防終有功，翻雲覆雨幾成空。
出入乏人，吉時不到。待合而行，休生煩惱。

四爻：進步忽生疑，安居有福基。
　　　月明雲散後，萬里見光輝。
小人作崇，君子宜防。施恩布德，免受其殃。

五爻：添一人，獲一寶。
　　　事團圓，門外討。
賢女相夫，無價之珠。善人為邦，千鍾有餘。

六爻：泰極得成否，歌聲曲已終。
　　　若隨心主定，不惜五更風。
樂之極矣，悲之將至。退步無憂，趨前失勢

䷒ 地澤臨

初爻：生平樂奏五弦琴，流水高山未遇音。
　　　一日乘槎泛牛斗，始知金闕萬重深。
妄行有失，謹守無虞。平生事業，緩緩徐徐。

二爻：和合事，笑談成。
　　　佳音在半程，平步上青雲。
天意人緣，造化物就。中年名利，所求皆有。

三爻：積小成功路漸通，好將舟楫趁西風。
　　　腰間劍氣沖牛斗，求利求名有始終。
二龍爭珠，一得一失。名利兩全，不須費力。

四爻：事團圓，物周旋。
　　　一往一來，平步青天。
內外得體，豪傑用之。縱橫禮樂，爵祿正齊。

五爻：智大能臨下，柔高可勝剛。
　　　太陽光彩處，普照十千方。
雨過園林，花枝轉新。求謀遂意，定有佳音。

六爻：朦朧秋月映朱扃，林處雞聲遠處生。
　　　自有貴人來接引，何須巧語似流鶯。
午夜漏聲，窗影鳥鳴。鵲噪南技，捷報塵飛。

䷣ 地火明夷

初爻：垂翼遙飛去，皆因避遠行。
　　　一途經濟意，又是滿園春。
身心發動，謀求經營。衣祿盈足，鬢似垂星。

二爻：若問行藏事，行藏事可求。
　　　暗雲風捲盡，明月滿層樓。
身心恍惚，神馳不定。雲散月明，漫歌小令。

三爻：虛名虛位久沉沉，祿馬當求未得真。
　　　一片彩雲秋後至，去年風物一時新。
衣冠文物，九浮之任。祥光呈瑞，燕廈方殷。

四爻：一登尊祿位，不可望凌高。
　　　恐有夷傷日，垂釣阻釣鰲。
萬事碌碌，美中不足。七縱七擒，一反一覆。

五爻：事關瑣，謹提防。
　　　小節不和，徇成大殃。
心思亂緒，留神密固。忍辱自解，保其禍無。

六爻：一足踏兩船，一鏡照兩邊。
　　　團圓專費力，費力又團圓。
一人兩心，一車兩頭。清風明月，笑傲優遊。

䷗ 地雷復

初爻：垂釣在滄浪，金鱗入手看。
　　　等閒長笑罷，風月滿前川。
志在滄州，笑傲五侯。一歌一曲，歡樂自由。

二爻：悲後笑嘻嘻，中行道最宜。
　　　所求終有望，不必皺雙眉。
先憂後樂，否極泰來。營求稱意，歡欣心懷。

三爻：屢失又屢獲，多敗亦多成。
　　　擇善宜堅守，何愁怨咎生。
一開一關，進退多般。浮雲掃盡，始見青山。

四爻：臨淵放釣，清絕點埃。
　　　巨鰲隨得，不用疑猜。
登高有望，涉水有利。正行大道，是出塵世。

五爻：五湖波浪靜，明月照扁舟。
　　　垂竿惟直釣，全鰲釣幾頭。
亂者復治，往者復還。凶者復古，危者復安。

六爻：進步且徘徊，春風柳絮催。
　　　水邊行客倦，桃畔有憂懷。
商量營求，薰香惹袖。力竭思還，培修無咎。

䷭ 地風升

初爻：明月為鉤，清風作線。
　　　舉網煙收，錦鱗易見。
踏雪尋梅，對月酌酒。律呂為朋，詩節為友。

二爻：東風吹動樹間鶯，出谷高遷出上林。
　　　晴霽閑雲皆卷盡，秋江皓月十分明。
處事無虛，常存誠敬。正大光明，磨而不磷。

三爻：舟離古渡日離雲，人出重關好問津。
　　　且向前行求去往，何須疑慮兩三旬。
坐守經秋，光陰累積。今日時至，垂手而得。

四爻：積大先須小，求升好在卑。
　　　園中雙李綻，明月正光輝。
聚少成多，志在謙和。光風霽日，明月清波。

五爻：住信至，見笑顏。
　　　飛騰一去，披雲上天。
放人千里，動容周旋，前程有分，書報平安。

六爻：上六冥升利，須還不息貞。
　　　鵲音來報喜，咫尺步青雲。
迎雲棒日，正麗中天。利名皆美，事事團圓。

☷ 地水師

初爻：出師以律方無咎，征戰提防克敵功。
　　　一輪明月陰雲敝，想應還須否臧凶。
心中鬱鬱，百事匆匆。瞻前顧後，慎始慎終。

二爻：秋月雲開後，薰風雨過時。
　　　若逢楚國舊知己，等閒一薦不須疑。
皓魄當空，普照萬方。故人相會，喜沐清光。

三爻：進退皆無位，輿屍必主凶。
　　　馬奔坤地遠，天道又疑東。
不中不正，古也成凶。若能專一；終建奇功。

四爻：青氈終復舊，枝上果生風。
　　　莫謂一時喜，還疑此象凶。
名利未濟，果蒂未實。營求少遂，守之不失。

五爻：心事鬱匆匆，榮而未有功。
　　　危橋佇立休回首，盼望雲間信可通
勞心勞力，有損無益。直待龍吟，雲開見日。

六爻：謀已定，事何憂。
　　　金鱗已上鉤，功名一網收。
勞心勞力，豐衣足食。籌而執閒，名利兩得。

䷎ 地山謙

初爻：恐懼憂煎，皆在目前。
　　　若逢明鑒，指破空傳。
采薪之憂，蕭墻之變。文書天降，一斷天然。

二爻：運蹇時乖莫強求，得安身處且優遊。
　　　若逢天上人相問，好問生前鸞鳳儔。
功名富貴，如馬橫奔。妻財子祿，秋色平分。

三爻：勞心勞心，勞心有成。
　　　清風借力，歡笑前程。
刺股懸樑，負薪掛角。志在功名，先憂後樂。

四爻：撝謙無不濟，手足得良朋。
　　　雷在山下發，扁舟順水行。
誠實君子，謙謙自卑。大川星險，利涉無危。

五爻：燕語鶯啼，花開滿溪。
　　　醒來春夢，無奈攢眉。
草木知春，鳥倦飛還，滄海桑田，綠水青山。

六爻：風雲際會在雲端，一望天高宇宙寬。
　　　萬里風帆應不遠，幽人從此出塵寰。
有功不伐，所以成功。以謙自守，誰不聽從。

國家圖書館出版品預行編目資料

邵子易數／（宋）邵雍撰，王通瑞校訂，初版
新北市：新視野 New Vision，2018. 12
　　面；　公分--
　　　ISBN 978-986-96269-8-9（平裝）
1.（宋）邵雍 2. 學術思想 3. 術數
290.1　　　　　　　　　　　　107017274

邵子易數

撰　　著　宋·邵雍
校　　訂　王通瑞

策　　劃　周向潮
出 版 人　翁天培
出　　版　新視野 New Vision
製　　作　新潮社文化事業有限公司
　　　　　電話 02-8666-5711
　　　　　傳真 02-8666-5833
　　　　　E-mail：service@xcsbook.com.tw

印前作業　菩薩蠻數位文化有限公司
印刷作業　福霖印刷有限公司

總 經 銷　聯合發行股份有限公司
　　　　　新北市新店區寶橋路 235 巷 6 弄 6 號 2F
　　　　　電話 02-2917-8022
　　　　　傳真 02-2915-6275

初版一刷　2018 年 12 月